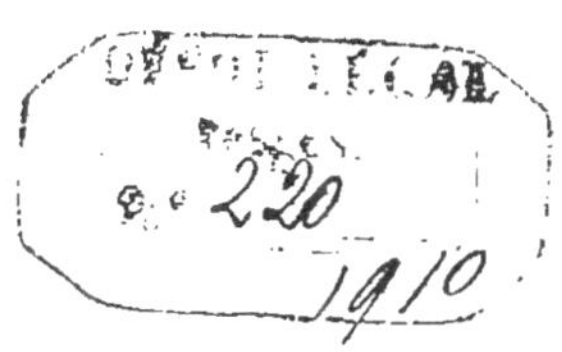

La Souveraineté nationale

ET LA

Représentation proportionnelle

DES PARTIS POLITIQUES

PAR

EMILE GARNIER

Ancien Officier Breveté d'État-Major

Licencié en Droit

Bâchelier en Théologie

REMIREMONT. --- IMPRIMERIE L. CAUSERET.

La Souveraineté nationale

ET LA

Représentation proportionnelle

DES PARTIS POLITIQUES

PAR

EMILE GARNIER

Ancien Officier Breveté d'État-Major

Licencié en Droit

Bâchelier en Théologie

REMIREMONT. — IMPRIMERIE L. CAUSERET.

PRÉFACE

En écrivant ce petit livre, l'esprit dégagé de toute préoccupation de parti, nous n'avons poursuivi qu'un but, comme nous n'avons qu'une ambition : être utile.

Respectueux avant tout de la liberté d'autrui (1), nous revendiquons pour nous celle d'émettre notre opinion sur un sujet qui passionne actuellement la France, mais que nous croyons être un mal qu'il faut promptement extirper de la Société dont il menace d'ébranler et de détruire les plus solides fondements.

Non, la Représentation proportionnelle des partis politiques n'est pas l'antidote au malaise qui pèse sur notre pays. Si les bonnes mœurs, électorales ou autres, sont réellement en décroissance, ce n'est pas un mode de votation, quel qu'il soit, qui pourra seul y remédier.

Convaincu, au contraire, que le spécifique proposé saperait par la base le principe même d'autorité, qu'il serait un poison plutôt qu'un remède, il nous a semblé qu'il était urgent d'en signaler tous les dangers.

Certes, c'est là une ambition qui dépasse de

---

(1) Nous définissons la liberté : le droit naturel qu'ont les individus et les collectivités de se mouvoir dans le bien sans en être empêchés par le mal.

beaucoup nos moyens personnels; et nous ne l'eussions assurément pas nourrie si la thèse que nous soutenons ne s'appuyait sur l'autorité d'esprits supérieurs dont la compétence en la matière ne saurait être contestée, en particulier sur l'autorité du savant M. Esmein, membre de l'Institut, à l'un des ouvrages duquel nous avons souvent puisé nos inspirations et fait de larges emprunts (1).

A l'éminent professeur et à tous les auteurs qui nous ont servi de guides dans cette étude, nous exprimons ici notre vive gratitude.

E. GARNIER.

Remiremont, le 22 Mai 1910.

(1) A. ESMEIN. — *Eléments de Droit constitutionnel*, français et comparé, 4ᵉ édition, 1906.

CHAPITRE Ier.

La Souveraineté.

Quoi qu'en ait pensé Jean-Jacques Rousseau, l'homme est fait pour vivre en société.

Sans la société, en effet, l'homme ne pourrait perfectionner ses facultés, ni bénéficier d'un grand nombre d'avantages que réclame sa nature : donc la société est naturelle à l'homme.

Mais une société sans gouvernement est aussi impossible qu'une armée sans chef.

Qu'est-ce, dès lors, que gouverner ?

Gouverner, c'est exercer la souveraineté, c'est diriger les hommes vers une fin déterminée, en prescrivant le but à atteindre, en ordonnant les moyens d'y parvenir, avec une autorité qui demande le respect, exige la soumission, qui fasse plier de gré ou de force tous les membres du corps social pour les faire converger vers cette fin déterminée.

Sans cette autorité, toute direction est vaine, toute souveraineté chimérique : une souveraineté qui ne commande point ne mérite pas plus ce nom qu'une souveraineté qui ne dirige point.

Mais pour diriger les hommes, il faut une ligne de direction précise, une ligne, en un certain sens, inflexible, invariable, dont une souveraineté quelconque ne puisse s'écarter à plaisir, dévier à son gré, sinon c'est tyranniser et non gouverner.

Toute souveraineté humaine suppose donc une loi

qui en règle l'exercice, permet d'en contrôler les actes et en limite l'étendue.

Une souveraineté sans loi, de quelque nom qu'elle s'appelle, de quelque titre qu'elle se décore et de quelque prestige qu'elle se réclame, n'est qu'une force aveugle et brutale, poussant les hommes devant elle, obéissant aux impulsions les plus diverses ou même les plus contradictoires ; force arbitraire, soumise à des passions sans règle et sans frein, toujours prête à porter atteinte au droit plutôt que d'en assurer le respect et la majesté, à blesser la dignité humaine plutôt que d'en reconnaître la grandeur et d'en affermir les fondements.

C'est encore Rousseau qui a dit de la souveraineté qu'elle « peut tout ou qu'elle n'est rien » (1). C'est une erreur. C'est la méconnaissance de cette vérité si bien fondée que les droits de l'individu sont antérieurs et supérieurs à ceux de l'Etat, et que, par suite, ils s'imposent à son respect comme à celui de tous les citoyens qui composent la collectivité.

En deux mots, maintenir les droits et les principes, protéger les intérêts légitimes, sauvegarder la dignité humaine, voilà l'essence de la souveraineté.

Et quand la souveraineté est incapable de s'exercer ainsi, elle disparait bientôt pour faire place à l'anarchie.

(1) Lettres écrites de la montagne, part. II, lettre 7.

CHAPITRE II.

Source de la Souveraineté.

Gouverner, avons-nous dit, c'est diriger avec autorité la société vers une fin déterminée, suivant une loi donnée.

Mais quelle est cette fin, et quelle est cette loi ? La fin de la société, c'est le bien des hommes qui la composent ; et la loi qui régit la souveraineté, c'est la vérité. La réponse à la première question se passe de commentaire ; la solution donnée à la seconde, demande, au contraire, quelque précision.

La souveraineté ne s'impose, en droit, — cela est hors de conteste — que si elle est fondée sur la vérité. Il faut donc que la vérité, avec laquelle se confond la souveraineté, théoriquement et nécessairement, soit claire, lumineuse ; sinon l'esprit s'armera du droit qu'il a contre toute souveraineté humaine de n'obéir qu'aux lois de l'évidence. Car tout homme a le droit de comprendre, du moins de savoir d'une science certaine, d'examiner, de vérifier par lui-même, d'admettre ou de rejeter ce qu'un autre homme lui propose.

C'est un droit que nulle puissance humaine ne peut lui ravir, parce que c'est un droit naturel à l'être raisonnable, un droit qui, par cela même, constitue sa force et justifie sa liberté d'agir dans tel sens ou dans tel autre, pourvu que ses actions restent conformes à la morale et à la raison.

L'homme droit ne se rend à la raison de l'homme que vaincu par l'évidence, soit par l'évidence intrinsèque, soit par l'évidence extrinsèque ; et par conséquent, gouverner les hommes, c'est les diriger dans le sens de la vérité par les lumières de l'évidence.

La souveraineté peut encore être imposée aux intelligences par les lumières de la foi ; mais gouverner les esprits par les lumières de la foi, ce n'est pas régner en homme, c'est régner en Dieu, et telle n'est pas ici la question, encore qu'il n'y ait pas de vérité dans l'ordre naturel qui ne soit en même temps vérité dans l'ordre surnaturel.

Cela posé, où réside la souveraineté, où se trouve la vérité ?

Est-ce toujours dans cette formidable puissance qu'on appelle l'opinion publique ?

Certainement non.

L'opinion publique est mobile ; elle est variable, elle est changeante, et la vérité, elle, ne change point.

L'erreur est multiple, la vérité est une.

Une erreur séduisante peut se faire jour dans un esprit, se communiquer, se multiplier, se généraliser, devenir, en un mot, l'opinion publique.

L'histoire, la philosophie, toutes les sciences attestent que l'opinion publique ne fut que trop souvent la manifestation d'une erreur universellement admise comme vérité.

Et qui donc oserait le nier ?

Seraient-ce par hasard ceux qui, de très bonne foi, généreusement et sans réserve, se consacrent à réformer l'esprit public dans son ensemble ou sur un point spécial ?

Le croire serait leur faire injure.

Et d'autre part, quel est, nous le demandons, le mathématicien assez habile pour démontrer qu'une erreur devient vérité par cela seul qu'elle est admise. comme telle par un millier, plusieurs milliers, voire même plusieurs millions d'individus?

Non, l'opinion publique, surtout aux périodes de trouble, encore qu'elle constate quelquefois la vérité, ne saurait prétendre être toujours la vérité elle-même. L'opinion publique n'est pas créatrice de la vérité; donc elle ne saurait être le principe de la souveraineté. Et fonder un système sur la seule puissance de l'opinion publique, c'est risquer de bâtir sur le sable, de construire au-dessus du vide, de précipiter la société aux abîmes.

Voilà ce que révèle l'analyse des faits sociaux; voilà ce que constate l'expérience; voilà ce qui résulte de la force même des choses; et voilà aussi ce qui rend si ardue la question que nous abordons dans cette étude.

Pour résoudre le problème, il faut remonter. plus haut, à la source de toute vérité, à la Vérité incréée, à la Cause première de toute création.

La Société est à Dieu comme auteur de la nature et, par conséquent, la puissance suprême sur la Société et tout ce qu'elle renferme appartient à Dieu seul. Cette vérité ne se discute pas.

Mais les philosophes catholiques admettent que les phénomènes naturels ont lieu par les causes secondes, le concours divin étant seul requis pour leurs opérations. Or la puissance civile étant chose purement naturelle dans la Société, il en résulte qu'elle découle naturellement de la Société, à qui Dieu l'a donnée comme propriété attachée à la nature.

Cette théorie, cependant, n'est pas acceptée par tous.

La souveraineté, disent ses adversaires, ne se

trouve pas dans le peuple ; elle est immédiatement conférée par Dieu au prince (gouvernement) après son élection. Et ils citent à l'appui de leur opinion quelques textes de l'Ecriture Sainte, que nous allons examiner avec les objections qui les accompagnent.

I. — Textes tirés de l'Ecriture Sainte.

« Que toute âme soit soumise aux puissances supé-
« rieures, car il n'y a point de puissance qui ne vienne
« de Dieu ; et celles qui sont ont été établies par Dieu.
« C'est pourquoi qui résiste à la puissance résiste à l'ordre
« de Dieu. » (Epître de saint Paul aux Romains XIII. 1.)

« Par moi les rois règnent et les législateurs
« décrètent des choses justes. » (Proverbes VIII. 15.)

OBJECTIONS

II. — Si le principe de la souveraineté est originairement attribué au peuple, celui-ci sera incliné à s'estimer supérieur au prince (gouvernement) et à ne considérer l'autorité conférée aux gouvernants que comme un mandat révocable à la volonté des gouvernés, selon leur bon plaisir : d'où, pour la Société, une source intarissable de perturbations et de révolutions.

III. — Les hommes n'ont pas individuellement la puissance politique ; ils ne l'ont même pas collectivement tant qu'ils ne forment qu'une multitude confuse ; cette puissance ne leur est donnée qu'en tant qu'ils sont constitués en corps de nation. Or ils ne peuvent former un corps politique s'ils n'ont préalablement l'idée expresse de l'autorité qui les lie dans un lien social.

IV. — Dieu ne peut donner au peuple une puissance qu'il ne peut exercer. Or le peuple ne peut accomplir tous les actes de la souveraineté politique.

A ces citations et objections nous répondons :

I. — Sans doute *toute puissance vient de Dieu ;* mais cela ne signifie pas que toute puissance est constituée par Dieu.

Il ne s'agit pas, en effet, en quelque circonstance que ce soit, du *principe,* mais de la chose elle-même, c'est-à-dire de la *puissance.*

Saint Paul n'a en vue que le pouvoir réel, établi et reconnu avec des lois telles que Dieu les ratifie et les confirme :

« *La puissance,* dit-il, *est le ministre de Dieu pour* « *le bien.* » (Romains XIII. 4.)

Saint Paul ne dit pas : il n'y a de *gouvernement,* mais il n'y a de *puissance* que par Dieu.

Le grand apôtre ne dit pas que tout prétendu pouvoir est un pouvoir réel, ni que les droits des gouvernants légitimes sont sans limites : saint Paul se borne à relever le caractère divin de toute autorité et à en recommander le respect.

II. — Si le principe de la souveraineté est originairement attribué au peuple, celui-ci pourra s'en prévaloir pour commettre des actes nuisibles au bien commun de la Société.

Réponse. — Nous ne contestons pas que le peuple ne puisse se livrer, ni même qu'il ne se livre quelquefois à de tels actes, mais n'excède-t-il pas ainsi son droit ?

Et de ce qu'on peut abuser et que l'on abuse en effet d'un droit, est-ce un motif suffisant pour méconnaître l'existence et la légitimité de ce droit ? Nous ne le pensons pas.

De même qu'un individu, un peuple est tenu de n'agir que suivant les règles de la raison et de la morale. Or la révocation d'un gouvernement *ad nutum* et sans cause, est ouvertement en opposition avec les règles de la raison et de la morale.

Cette révocation arbitraire n'est pas dans le droit du peuple puisque, après l'élection, l'exercice de la souveraineté, qu'il pouvait auparavant revendiquer, a été transféré à ses représentants élus.

Ajoutons que ce qui est donné ne peut être repris, d'après cet axiome de droit : « donner et retenir ne vaut. »

Réserve faite du cas où l'autorité, élément formel et gouvernant de la Société, tyranniserait le peuple, qui en est l'élément matériel et gouverné, et de celui d'usurpation de la souveraineté, ce renversement du gouvernement ne peut légitimement se concevoir, car il existe entre le peuple et les représentants de l'autorité, un contrat synallagmatique qui oblige les deux parties contractantes, l'une d'elles ne pouvant rompre le pacte social si l'autre remplit ses engagements.

III. — Les hommes n'ont pas individuellement la puissance politique ; ils ne l'ont même pas collectivement tant qu'ils ne forment qu'une multitude confuse. Cette puissance ne leur est donnée qu'après leur constitution en corps de nation.

Réponse. — Les hommes, en tant qu'individus isolément considérés, n'ont assurément pas cette puissance.

Mais les hommes étant créés pour vivre en société, la souveraineté politique est en *puissance* dans les collectivités, et celles-ci, dès lors, ont le droit naturel de la traduire en *acte*.

IV. — Dieu ne peut donner au peuple, une puissance qu'il ne peut exercer. Or le peuple ne peut exercer la souveraine puissance politique.

Réponse. — Sans doute il est des actes de souveraineté que, pour des considérations d'ordre plus pratique que théorique peut-être, le peuple ne peut exercer lui-même ; mais on ne peut lui dénier les trois droits suivants :

1° Droit de faire certaines lois générales qui lient la collectivité tout entière ;

2° Droit de déterminer la forme politique du gouvernement ;

3° Droit d'élire les sujets par lesquels il veut que la puissance politique soit exercée.

Il est certain que les questions politiques sont complexes et difficiles. Leur solution exige beaucoup de science, de prudence, de sagacité, d'intégrité et d'amour du bien public, toutes choses qui ne se trouvent pas toujours, à un degré suffisant du moins, dans la multitude.

Le peuple n'est pas toujours apte à discerner, par suite à poursuivre ce qui est le meilleur pour l'utilité générale, puisque les masses ignorent souvent les fondements sur lesquels repose le bien public.

Il n'est pas niable d'autre part, que la mobilité du suffrage populaire, sans parler de sa vénalité, soit un obstacle à la stabilité gouvernementale et à la sage direction des affaires du pays.

Mais pour que quelqu'un ait l'aptitude à posséder un droit, il n'est pas indispensable qu'il soit apte à l'exercer par lui-même ; il suffit que ce droit puisse être exercé par l'intermédiaire d'un autre, et tel est précisément le rôle du gouvernement.

Il semble donc bien que l'idée qui fait découler la souveraineté politique de la collectivité, cause seconde et subordonnée, pour en transférer l'exercice au gouvernement qu'elle a choisi, soit la plus exacte et ne puisse raisonnablement être repoussée.

On objecte encore, il est vrai, que Saül fut choisi par Dieu lui-même. Mais c'est là une exception, un fait extraordinaire et surnaturel, et qui ne suffit pas pour faire échec à notre théorie que la formation et le développement des sociétés étant un phénomène social purement naturel, celles-ci ont reçu de Dieu, comme toutes les choses créées de l'ordre naturel, dès l'instant de leur création, ce qui est nécessaire pour assurer leur existence, leur conservation et leur direction, donc la souveraineté politique ; ou bien il faut nier le droit naturel et supprimer le droit positif. Mais alors il n'y a plus de raison suffisante pour expliquer et justifier les formes si variées d'États et de gouvernements.

Nous sera-t-il permis d'ajouter enfin que l'institution du premier roi d'Israël était en opposition formelle avec le sentiment de Samuel, à qui la demande en fut faite ; et que ce désir déplut à Dieu lui-même encore qu'il intimât au juge d'Israël l'ordre de donner satisfaction au vœu des anciens du peuple hébreu, et lui désignât extraordinairement l'homme qui devait régner sur cette nation ?

Et qu'on veuille bien le remarquer : après que Saül eût été oint par Samuel, celui-ci n'en convoqua pas moins le peuple juif à Maspha pour qu'il fût procédé à un **tirage** au sort, mode d'élection usité à cette époque. L'Ecriture Sainte nous apprend que le sort tomba sur la tribu de Benjamin, puis sur la famille de Métri, de cette tribu, qu'il arriva enfin jusqu'à Saül, fils de Cis, à Saül qui, précisément, avait été extraordinairement désigné par Dieu à Samuel. (I. Rois. Ch. VIII. IX et X.)

« *Rendez à César ce qui est à César, et à Dieu ce qui est à Dieu* », a dit Jésus-Christ lui-même, confirmant ainsi que les peuples ont reçu le droit naturel de se diriger librement, et qu'il existe une distinction entre le pouvoir temporel et le pouvoir spirituel, entre l'ordre naturel et l'ordre surnaturel.

Que conclure maintenant de tout ce qui précède, sinon que Dieu, qui a donné à l'homme, dès l'instant de sa création, la liberté de sa conduite et de ses actes, a de même donné aux peuples, dès la formation des sociétés humaines, la liberté de choisir le gouvernement qu'ils jugeront le plus capable de les conduire vers leur fin, sauf, pour l'homme, pour les nations et pour les gouvernants, à lui rendre compte de l'usage qu'ils auront fait de cette liberté. Que si après avoir recherché le *principe* de la souveraineté, nous limitons notre sujet à la *puissance* qui en découle, nous pouvons tirer de tout ce qui précède la conclusion générale suivante :

La *souveraineté*, c'est :

Dans l'homme, la raison qui le domine ;

Dans la famille, l'autorité du chef qui la dirige ;

Dans la société, la puissance qu'elle a de choisir librement les moyens de se diriger vers le but à atteindre, et cette puissance, que nous allons maintenant analyser, c'est la *souveraineté nationale*.

CHAPITRE III.

La Souveraineté nationale.

Les sociétés humaines qui peuplent la terre sont nées de la propagation volontaire et spontanée des familles.

La formation et le développement d'une nation ne sont donc point une création artificielle, mais un phénomène naturel dépendant de la race, du milieu et des circonstances historiques.

Il en résulte que chaque nation se développe par une évolution qui lui est propre et qui lui donne la structure, l'organisme politique et le génie particulier qui en font une société distincte des autres nations ; ayant aussi une vie propre distincte des vies additionnées des individus qui la composent à un moment donné ; où se combinent l'activité et la pensée des générations passées avec celles de la génération présente, et où se prépare le sort des générations futures.

Il en résulte encore que si les individus libres et moralement responsables qui constituent actuellement une nation ont le droit de disposer de leurs destinées politiques, ils ne doivent le faire qu'avec beaucoup de prudence, en évitant d'engager, sciemment et irrévocablement, les destinées des générations futures, sans aller cependant jusqu'à entraver le progrès réfléchi et scientifique, comme en évitant aussi de sacrifier les intérêts certains de la génération actuelle aux intérêts obscurs et incertains des futures sociétés.

A méditer, en passant, ces sages conseils de **Montaigne** :

« La meilleure police est à *chaque* nation celle
« sous laquelle elle s'est maintenue. Sa forme et
« commodité essentielle dépend de l'*usage*... En affaires
« publiques, il n'est aucun si mauvais train, pourvu
« qu'il ait de l'âge et de la constance, qui ne vaille
« mieux que le changement et le remuement... *Rien*
« *ne presse un Etat que l'innovation.* Quand quelque
« pièce se démanche, on peut l'étayer ; on peut
« s'opposer à ce que l'altération et corruption natu-
« relle à toutes choses ne nous éloigne trop de nos
« commencements et de nos principes. Mais d'entre-
« prendre de refondre une si grande masse, et de
« changer les *fondements* d'un si grand bâtiment,
« c'est à faire à ceux qui pour décrasser effacent, qui
« veulent amender les défauts particuliers par une
« confusion universelle, et guérir les maladies par la
« mort. Toutes grandes mutations ébranlent l'Etat et
« le désordonnent. » (Essais, I. III. c. 9 et I. II. c. 17.
— Cf. St-Th. 1ᵃ 2ᵃᵉ, q. 97. a. 1. 2.)

La souveraineté politique, nous l'avons vu, a le
même principe que la société d'où elle tire son origine.

Nous savons aussi que dans les choses politiques,
qui sont choses purement naturelles, les hommes sont
régis par la raison naturelle.

Nous savons encore que la souveraineté est le droit
donné à la multitude, organisée en corps de nation,
d'ordonner et d'agir en vue du bien commun. Mais
nous savons de plus qu'une société organisée n'est pas
possible sans gouvernement, et que ce qui, en droit,
constitue une nation, c'est l'existence, dans cette société
d'hommes, d'une autorité supérieure aux volontés
individuelles ; le titulaire de cette autorité, c'est l'Etat.

La notion de la souveraineté nationale repose sur ce postulat de la justice et de la raison, qu'elle réside dans la nation tout entière dont l'Etat, sujet et titulaire de cette souveraineté, est la personnification morale et juridique, comme nous le verrons bientôt. Seul l'Etat a la puissance de commander souverainement aux membres de la nation et de sanctionner ses ordres légitimes par la contrainte et la force matérielle, contrainte distincte, en un sens, du droit humain, de la morale et de la religion.

De même, en effet, qu'on enlève une branche sèche de l'arbre qui la porte, ainsi la Société, représentée par l'Etat, a le pouvoir de supprimer tout membre gangrené nuisible au bien social.

Le principe que la souveraineté réside dans la nation tout entière doit encore sa puissance à ce qu'il est une idée simple, répondant aux sentiments de justice et d'égalité qui sont au fond de l'âme humaine. Il est aussi la seule interprétation juridique exacte et adéquate d'un fait social incontestable et qui s'impose.

Il en résulte que reconnaître, organiser et respecter la souveraineté nationale, c'est traduire dans le droit le fait inévitable, c'est mettre d'accord le fait avec le droit, c'est donner à cette souveraineté une force supérieure, une expression précise, une valeur juridique, une autorité légale.

Quelle que soit, d'ailleurs, la source légale de la souveraineté chez un peuple, il est certain qu'elle ne peut subsister et s'exercer en fait que si elle est reconnue, acceptée et obéie par tous.

Or cette obéissance n'a que deux moyens de s'imposer : la force ou la volonté générale.

Mais le pouvoir illégitime de la force ne saurait

prévaloir et se maintenir longtemps chez une nation libre et saine. Reste la volonté générale.

La théorie de la *volonté générale*, inscrite à l'article 6 de la « *Déclaration des Droits de l'Homme et du Citoyen* » de 1789, n'est pas, quoi qu'en pensent beaucoup de nos contemporains, une idée relativement nouvelle, issue de la Révolution française. Qu'on en juge.

L'illustre docteur Thomas d'Aquin étudiant, il y a plus de six cents ans, les conditions de la loi, disait d'elle ces paroles que l'on croirait dictées d'hier :

« *La loi ne saurait être la manifestation d'une raison* « *ni d'une volonté individuelles. Comme la loi a pour* « *but le bien commun, elle doit procéder de la raison* « *commune et de la* **volonté générale.**

« *Comme le bien commun est le bien de toute la société,* « *il est évident que la loi n'est pas l'expression de la rai-* « *son ni de la volonté d'un seul, mais l'expression de la* « *raison et de la volonté de la nation. Par conséquent,* « *la loi n'est autre chose que le* dictamen *de la raison* « *sociale,* **soit que la société parle par elle-même,** « **soit qu'elle s'exprime par ses représentants ».** (Summ. Théol. 1, 2, questio XC, art. 2 et 3).

On eut à coup sûr étonné nos pères du XIII siècle si on leur avait dit qu'à la fin du XVIII, leurs fils regarderaient comme une découverte, comme une conquête, ces principes dès lors vulgaires et que leur naïveté ne se croyait pas obligée d'applaudir.

Cette idée de volonté générale, dont la loi est l'expression, on la retrouve nécessairement dans toutes les formes d'Etat, même chez les peuples où les institutions sont le moins libres ; et lorsque la souveraineté légale réside ailleurs que dans la nation, elle ne peut exercer son empire que d'une façon imparfaite, irrégulière ou révolutionnaire.

La souveraineté nationale est une, indivisible, inaliénable et imprescriptible. (Art. 3 de la Déclaration des Droits de l'Homme et du Citoyen de 1789, Constitution de 1791. Tit. III, art. 1. Constitution de 1848, art. 1.)

La souveraineté est une, comme la nation dont elle émane.

La souveraineté est indivisible. La nation formant un corps social, dont l'Etat est la représentation juridique, ayant une vie distincte des individus qui le composent à un moment donné, rien n'en peut altérer l'unité, pas plus que le renouvellement des individus et des générations n'apporte d'interruption ni de fractionnement dans la vie nationale elle-même.

Il en résulte que la souveraineté nationale, placée au-dessus et en dehors de ceux par qui elle s'exerce, échappe à leur action ; qu'ils ne peuvent ni la fractionner ni la partager ; qu'elle est *indivisible* comme la nation d'où elle tire son origine seconde ; et c'est ce qui explique pourquoi la génération actuelle, qui en détient l'exercice, peut imposer à la génération suivante les lois qu'elle promulgue, les dettes qu'elle contracte, les traités qu'elle conclut, etc.

La souveraineté est inaliénable. On n'aliène que ce qui appartient ; et si la génération présente a légitimement et nécessairement le *libre exercice* de la souveraineté, elle n'en a pas la *propriété,* puisque cette souveraineté appartient aux générations successives, à celles de demain comme à celle d'aujourd'hui.

Au reste l'aliénation n'a pas d'application dans le

droit public, quant à la personnalité et aux facultés humaines ; elle ne se conçoit qu'en matière de droit privé, et seulement quant aux produits de l'activité humaine qui ont une valeur d'échange, ce qui exclut, sans conteste possible, la souveraineté nationale.

En droit, un peuple, pas plus qu'un individu, ne peut se donner ni se vendre.

La souveraineté est imprescriptible. Encore que les biens inaliénables ne soient pas tous imprescriptibles et vice versa, il existe cependant une corrélation certaine entre l'*inaliénabilité* et l'*imprescriptibilité.* On ne peut prescrire, pas plus qu'on ne peut aliéner, le domaine des choses qui ne sont point dans le commerce, donc la *souveraineté.* De plus, celui qui possède pour autrui ne prescrit jamais, par quelque laps de temps que ce soit. Or la génération qui exerce la souveraineté n'en a pas la propriété.

Enfin, on ne prescrit pas le droit naturel ; et la *souveraineté nationale* est un droit naturel qui, nous le savons, appartient à la Société comme propriété attachée à la nature.

Ainsi la souveraineté est *une, indivisible, inaliénable* et *imprescriptible.*

Mais alors, comment l'idée d'en opérer le partage peut-elle venir à l'esprit d'hommes quelque peu respectueux du droit public, soucieux de l'ordre politique et social ?

C'est pourtant sur cette *expropriation,* sur cette *liquidation* préalable de la souveraineté que les partisans de la Représentation proportionnelle des partis politiques, qu'ils le veuillent ou non, qu'ils le taisent ou qu'ils l'avouent, sciemment ou inconsciemment, échafaudent tout leur système.

Mais n'anticipons pas.

CHAPITRE IV.

Le Titulaire de la Souveraineté.

Dans une nation, comme dans toute société organisée, il faut un titulaire de la souveraineté. Ce titulaire, personnification juridique de la nation entière, c'est l'Etat.

Mais puisque c'est la nation tout entière qui forme l'Etat, c'est aussi dans la nation tout entière que réside la souveraineté, sans distinction entre les diverses époques de son existence, comme aussi sans distinction d'âge, de sexe, de rang ou de fortune des membres qui la composent : la *souveraineté nationale* ne réside donc pas seulement dans les citoyens investis des droits politiques.

Ainsi l'être collectif qu'est l'Etat, assimilé à une personne nettement distincte des individus qui composent la nation, ayant lui-même une individualité propre et dans lequel réside la souveraineté ; ainsi la souveraineté, donnée en dehors et au-dessus des personnes qui l'exercent à tel ou tel moment, donnée en dehors et au-dessus des individus éphémères qui composent la nation, à un sujet idéal et permanent, ayant une existence propre et autonome, qui personnifie la nation tout entière et la dirige vers sa fin, voilà le fondement du droit public.

Et puisque l'Etat est la personnification morale de la nation, il en résulte qu'il est perpétuel de sa nature ; que son existence juridique, pas plus que la vie nationale n'admet de solution de continuité ; et que reconnaître la souveraineté de l'Etat, c'est recon-

naître les droits souverains qu'il a sur les individus.
Mais ces droits ont leur limite dans le principe même
de l'Etat ; s'il les possède, c'est que, vivant, il a le
droit de vivre : ils sont épuisés dès que son existence
est assurée.

Il faut en conclure que l'Etat n'a le droit d'exiger
que ce qui est indispensable pour la conservation, le
développement et le perfectionnement de la société ; et
que l'autorité publique, qualité essentielle de l'Etat et
avec laquelle il se confond, ne doit jamais être exercée
que dans l'intérêt de tous.

Mais bien que la souveraineté soit *une, indivisible,
inaliénable* et *imprescriptible,* l'Etat, qui en est le titulaire, peut cependant revêtir des formes diverses, qu'il
ne faut pas confondre avec les formes de gouvernement.

FORMES DE L'ÉTAT

Les différentes formes d'Etat peuvent se ramener
à quatre types généraux : l'Etat *simple.* l'Etat *mixte,*
l'Etat *fédératif* et la *Confédération d'Etats.*

Etat simple. — Dans l'Etat simple, la souveraineté est *une* ; mais elle peut avoir pour titulaire une
personne unique ou un groupe de personnes plus ou
moins considérable.

Ainsi dans la *monarchie absolue,* la souveraineté
réside en une seule personne, le monarque, qui en
possède tous les attributs.

Dans les *républiques démocratiques,* au contraire,
le sujet de la souveraineté est collectif : c'est la nation
tout entière.

Etat mixte. — Entre ces formes simples et opposées, entre la *monarchie absolue* et la *république démocratique*, il en existe d'intermédiaires ; ce sont, outre les *républiques aristocratiques* ou *oligarchiques* dans lesquelles une classe seulement de la nation est le sujet de la souveraineté, les *monarchies tempérées* ou *constitutionnelles* qui présentent elles-mêmes deux types caractéristiques bien distincts.

Dans l'un et l'autre de ces types secondaires, la souveraineté est possédée, comme par indivis, par des sujets différents, mais de telle sorte que la concordance de leurs volontés est nécessaire pour l'accomplissement de certains actes par lesquels s'exerce la souveraineté.

Il existe cependant entre ces types des différences profondes. Dans l'un, la *monarchie du droit populaire*, la nation, reconnue seule souveraine, associe le monarque à sa souveraineté en lui en déléguant l'exercice partiel. (Constitution belge du 7 février 1831.)

Dans l'autre, c'est le monarque, jusque-là reconnu souverain absolu, qui délègue certains pouvoirs à des assemblées représentatives. (Constitution prussienne du 30 janvier 1850).

Etat fédératif. — Dans cette forme d'Etat, chacun des Etats particuliers qui forment l'Etat fédéral conserve, en principe, sa souveraineté intérieure, ses lois propres et son gouvernement.

Mais la nation entière, composée de la population totale des Etats particuliers, possède aussi un gouvernement complet, qui absorbe, au point de vue international surtout, l'ensemble des Etats particuliers, lesquels cessent, dès lors, d'être individuellement souverains. (Etats-Unis d'Amérique, Suisse, Allemagne).

Confédération d'Etats. — Ce n'est qu'une association politique ou ligue permanente de divers Etats dont chacun garde sa souveraineté intégrale.

Il y a ainsi deux souverainetés indépendantes : celle de chaque Etat particulier qui conserve ses lois propres et son autonomie ; et celle du corps fédéral, formé par les représentànts de chaque Etat pour s'occuper des intérêts communs déterminés par le pacte social.

Mais les décisions de la diète fédérale ne s'imposent à chaque Etat particulier qu'après avoir été promulguées par lui, en vertu de son autorité propre ; et les Etats particuliers conservent dans tous les cas leur existence juridique internationale. (Confédération germanique de 1815 à 1866).

CHAPITRE V.

Exercice de la Souveraineté.

L'Etat, titulaire perpétuel et fictif de la souveraineté, n'étant qu'une personne morale, il faut que la souveraineté soit exercée en son nom par une ou plusieurs personnes physiques qui veuillent et agissent pour lui.

Ce titulaire actuel, agissant au nom de l'Etat, et en qui réside le pouvoir, c'est le *Gouvernement*. Le *Gouvernement*, c'est « la souveraineté mise en œuvre » ; c'est l'exercice de l'autorité publique dans la limite des fonctions propres à l'Etat (1).

Mais cet exercice peut se produire, quel que soit le souverain, par des procédés divers ; c'est la question même de forme de gouvernement que nous sommes ainsi amené à étudier. Il importe de remarquer tout d'abord que des Etats de forme différente peuvent avoir une même forme de gouvernement : le gouvernement parlementaire, par exemple, ou gouvernement de cabinet, fonctionne à la fois dans la République française et dans plusieurs monarchies constitutionnelles, telle l'Angleterre.

GOUVERNEMENT ARBITRAIRE
& GOUVERNEMENT LÉGAL

Le Gouvernement, en qui réside l'exercice du pouvoir, se présente sous divers aspects.

Tantôt le souverain, que ce soit un monarque ou

(1) A. Esmein, Op. cit. p. 13.

une assemblée, exerce le pouvoir arbitrairement et d'après sa seule volonté, s'inspirant uniquement des circonstances pour prendre ses décisions et émettre ses commandements : c'est alors le *gouvernement despotique et arbitraire* (1).

Tantôt les décisions, dans la mesure du moins où il est possible de les prévoir et de les ordonner, — car outre qu'on ne peut tout prévoir et tout régler, la vie d'un peuple ne doit pas être enchaînée dans des formules immuables — sont imposées au souverain par des règles fixes, des lois préexistantes, connues d'avance, auxquelles le souverain lui-même est tenu d'obéir. Tant que ces lois subsistent, tant qu'elles n'ont pas été abrogées, elles s'imposent au souverain comme à tous autres : c'est alors le *gouvernement légal*, c'est l'essence même de la liberté politique.

Dans le second système, la fonction législative est l'attribut le plus important du pouvoir, puisqu'elle en fixe les limites et en règle l'exercice ; encore que la fonction exécutive, dont l'objet essentiel est d'assurer l'exécution des lois, conserve sur la fonction législative une supériorité naturelle et nécessaire : celle de s'exercer d'une façon permanente, son fonctionnement ne pouvant pas plus subir d'arrêt que la vie même de la nation.

La notion du gouvernement légal repose sur cette vérité, que nous avons mise en lumière au début de cette étude, à savoir qu'il n'y a pas de souveraineté possible sans une loi qui la régisse.

Elle est aussi l'affirmation de ce principe fondamental que les droits de l'individu sont antérieurs et

______

(1) Il ne faudrait d'ailleurs pas croire que le gouvernement d'un seul fut nécessairement plus tyrannique que celui de plusieurs : le contraire peut se produire dans une Assemblée, où la tyrannie est d'autant plus redoutable que nul ne s'y tient pour responsable de ce qui est censé l'œuvre de tous.

supérieurs à ceux de l'Etat, et que, par suite, ils s'imposent à son respect ; principe qui non-seulement interdit au souverain de faire des lois attentatoires aux droits individuels, mais lui impose encore l'obligation d'en promulguer qui assurent efficacement la jouissance de ces droits.

Ce respect des droits individuels est alors assuré, de façon indirecte du moins, par l'inscription, dans la loi, de ceux de ces droits que l'Etat ne peut violer.

GOUVERNEMENT DIRECT
& GOUVERNEMENT REPRÉSENTATIF

Le Gouvernement peut encore être envisagé à un autre point de vue, suivant que le souverain exerce par lui-même l'autorité publique ou qu'il délègue cet exercice à des représentants.

Dans le premier cas, c'est le *gouvernement direct ;* dans le second, c'est le *gouvernement représentatif* qui, lui-même, fonctionne suivant deux modes différents : ici, les attributs de la souveraineté sont transmis à des représentants de la nation, de telle sorte qu'ils agissent en toute liberté et ne peuvent être révoqués ; là, ces attributs sont confiés à des délégués, simples mandataires auxquels le souverain peut d'avance dicter les décisions, et qu'il peut révoquer à volonté. Mais dans ce dernier mode, ce n'est plus le gouvernement représentatif tel qu'il faut l'entendre, c'est le gouvernement direct à peine déguisé qui fonctionne.

Gouvernement direct. — L'exercice direct du pouvoir par le souverain, à supposer qu'on puisse l'admettre, n'est possible que dans les petits Etats. Son application ne se conçoit pas dans les grandes nations, où le souverain ne peut jamais exercer par lui-même, ne fût-ce qu'à raison de leur multiplicité, toutes les attributions des diverses fonctions, exécutive, législative et judiciaire.

La difficulté est tout à fait insurmontable dans les démocraties qui ont à leur base l'exercice du pouvoir par le peuple.

L'exercice du pouvoir, en effet, exige de la sagesse, de la prudence et de la constance, vertus qui ne sont pas l'apanage de tous les citoyens qui composent la nation.

De plus, si cet exercice direct se conçoit, à la rigueur, pour ce qui regarde la fonction législative, peut-être encore pour quelques ordres généraux et supérieurs par lesquels s'exerce la fonction exécutive, il n'en est plus tout à fait de même quand il s'agit de remettre à la communauté tout entière le soin de trancher un litige par une sentence, d'exercer la fonction judiciaire.

Il ne faut pas non plus perdre de vue que l'exercice direct du pouvoir serait pour les membres de la société un travail difficile, incessant, absorbant et écrasant. Il suppose les citoyens libres de toute autre occupation, exempts de la nécessité de travailler différemment pour vivre, animés d'un zèle inlassable pour les affaires publiques, aptes à en étudier le détail et à en résoudre toutes les difficultés.

Que si toutes ces conditions ne sont pas réalisées, l'exercice direct du pouvoir devient pour les citoyens une cause permanente d'ennuis et de gêne insupportable : et bientôt il disparaît pour faire place à la dictature, à l'ombre de laquelle le citoyen, libéré de charges au-dessus de ses forces, ne songe plus qu'à ses intérêts personnels, à la légitime satisfaction de ses besoins quotidiens.

L'exercice direct du pouvoir par le peuple est, au surplus, gros de dangers :

La démocratie jeune et ardente ne connaît guère d'autre frein que sa courte sagesse et son expérience jamais mûre ; elle est souvent rebelle à toute autorité, même à celle issue de son sein.

Capricieuse dans ses décisions, elle changera perpétuellement et arbitrairement ses lois et ses chefs, dépourvue qu'elle sera des qualités essentielles au gouvernement des peuples. Elle vivra dans une agitation continuelle dont pourra seule la délivrer une dictature subie, acceptée ou implorée.

Enfin, comment pourrait-on, pour l'exercice direct du pouvoir sous toutes ses formes et à tout instant, réunir en une seule assemblée tous les citoyens d'une grande nation ?

Pour toutes ces raisons, et pour d'autres encore, c'est le *gouvernement représentatif* qui est le mode d'exercice du pouvoir le plus généralement pratiqué par les nations civilisées.

Gouvernement représentatif. — Dans ce mode d'exercice du pouvoir, le rôle du peuple se borne à choisir, par voie d'élection, des représentants chargés de faire la loi, de veiller à son exécution, de fournir, de soutenir et de renverser le cabinet (1).

Ces représentants sont une élite que le peuple, supposé apte à bien choisir, désigne pour appliquer aux affaires publiques une intelligence et des connaissances supérieures.

---

(1) Ceci, à la vérité, ne s'applique qu'au gouvernement parlementaire ou gouvernement de cabinet.

La dénomination de *mandataires*, qui leur est officiellement donnée, est une anomalie des plus fâcheuses : exacte sous l'ancien régime, quand il s'agissait de la réunion des Etats généraux, cette dénomination ne correspond plus à l'idée qu'il faut se faire d'un membre du Parlement ; et cette expression impropre a singulièrement contribué à la disparition dans les esprits de la notion de la *souveraineté nationale* ; de cette souveraineté que nient les proportionnalistes ou dont ils rêvent le partage ; comme elle a beaucoup contribué aussi à la corruption dont nous sommes témoins du régime parlementaire en France.

Le *mandataire* a pour mission d'accomplir tels ou tels actes déterminés.

Le *représentant*, au contraire, reçoit une mission beaucoup plus large et dans l'accomplissement de laquelle il doit s'inspirer des besoins réels de la nation bien plus que des volontés incertaines et variables des électeurs.

Sans doute la nation a le droit et le devoir d'exercer un contrôle actif sur les actes de ses représentants ; mais ce n'est pas en leur imposant un programme précis pour en vérifier l'exécution, article par article, qu'elle peut et qu'elle doit le faire : c'est en appréciant l'effet de chacun et de l'ensemble de leurs actes sur la vie sociale.

Le referendum. — C'est un mode d'exercice du pouvoir intermédiaire entre le *gouvernement direct* et le *gouvernement représentatif*. Cette forme atténuée de la *démocratie directe* consiste à reconnaître au peuple, sinon le droit de voter la loi du moins celui de la contrôler.

**Là où fonctionne le referendum, les citoyens ne

sont pas appelés à discuter un projet de loi dans tous ses détails, mais seulement à accepter ou à rejeter en bloc la loi votée par les pouvoirs publics.

Il en est qui voient dans le *referendum* un hommage rendu à la souveraineté nationale et une garantie contre la tyrannie ou les erreurs des assemblées représentatives ; d'autres lui imputent, non sans raison, les mêmes vices, à peine diminués, que recèle la démocratie directe.

En résumé, la *souveraineté nationale*, base du droit public de la plus grande partie des nations civilisées, a pour titulaire fictif et permanent l'Etat, personnification juridique de la nation tout entière.

Les pouvoirs qui en découlent résident ou dans un homme, ou dans un groupe d'hommes ou dans l'universalité des hommes, c'est-à-dire dans le *gouvernement*.

La personnalité de l'Etat se manifeste par des *fonctions*, et ces fonctions sont remplies par des *organes*.

Mais une confusion, qui a fortement embrouillé la question de la séparation des *pouvoirs*, est souvent faite de ces *fonctions* et de ces *organes :* dans le langage officiel, le même mot « pouvoir » sert en effet à désigner et les fonctions et les organes de l'Etat. Cela résulte sans doute de ce que des fonctions différentes ont parfois des organes communs, tandis qu'à l'inverse, la même fonction peut être exercée par des organes différents ; mais cela montre surtout que dans la vie sociale comme dans la vie organique, les fonctions et les organes, loin d'être isolés, sont, au contraire, étroitement unis : l'analyse scientifique seule les sépare.

Signalons encore une autre confusion assez géné-

raleiment faite aussi, de l'*administration* et du *gouver-*
rement. Mais cette confusion est d'autant plus excusable
que les organes du gouvernement proprement dit
agissent souvent comme autorités administratives, par
exemple quand ils accomplissent des actes réglementés
par la loi et qui relèvent de la juridiction contentieuse
administrative.

Le criterium est facile : le gouvernement peut changer ou n'exister qu'à l'état provisoire ; l'administration
n'en continue pas moins à fonctionner d'après ses
procédés antérieurs aussi longtemps que les lois qui
la régissent n'ont pas elles-mêmes été changées.

Elle est donc en contradiction avec les faits cette
autre théorie de Rousseau et de ses disciples, affirmant
qu'il existe des règles idéales de gouvernement, qui
peuvent être formulées à l'aide de la seule raison, et
que ces règles sont les mêmes pour tous les temps et
pour tous les peuples ; et il semble bien que, sur ce
point encore, il faille s'en rapporter au tempérament,
aux habitudes et à l'histoire des peuples, bien plus
qu'aux lois de la logique et de la raison, et décider que
l'organisation constitutionnelle d'une nation dépend
avant tout de son état social.

CHAPITRE VI.

Le Suffrage politique

Nous savons que l'homme est fait pour la Société ;
que la Société est naturelle à l'homme ; qu'une société
sans gouvernement est aussi impossible qu'une armée
sans chef ; que toute souveraineté suppose une loi qui
en fixe les limites et en règle l'exercice ; que la souveraineté politique a son origine seconde dans la Société ;
qu'elle réside dans la Nation tout entière, considérée
comme un corps social englobant les générations successives qui le composent ; que l'Etat est la personnification juridique de la Nation, qu'il est le titulaire permanent et fictif de la souveraineté ; que le gouvernement
en a l'exercice actuel, agissant au nom et pour le compte
de l'Etat ; et que la loi qui régit l'exercice de la souveraineté, c'est la *volonté générale* de la Nation.

Comment se dégage et se traduit pratiquement
cette volonté générale ?

C'est l'objet même du droit de suffrage.

La loi, d'après la définition de saint Thomas,
reproduite par les Constituants de 1789, procède de la
raison commune et de la *volonté générale*, soit que la
Société *parle par elle-même*, soit qu'elle *s'exprime par
ses représentants*.

Et Rousseau, pour qui la *souveraineté nationale*
s'identifie avec la *volonté générale* — ce qui est une
grave erreur — en conclut que le droit d'émettre la
volonté générale, qui n'est autre que le droit de suffrage
politique, appartient nécessairement à chaque citoyen ;
qu'il est attaché à la qualité de membre de la Société,

à la qualité même d'être humain, et que, pour avoir cette expression de la *volonté générale* ou de la *souveraineté nationale*, ce qui, pour Rousseau, est exactement la même chose, tous les membres de la Nation doivent être consultés, sans en exclure aucun, sinon l'expression sera fausse dans ses résultats.

Ainsi, selon Rousseau, le droit de suffrage serait un attribut naturel et nécessaire de la personnalité humaine qui posséderait, de ce fait, en toute propriété, une parcelle de la *souveraineté nationale*.

Cette idée fut exposée avec une grande clarté, par Robespierre, à l'Assemblée Constituante, le 22 octobre 1789.

« *Tous les citoyens, quels qu'ils soient*, a dit Robes-
« pierre, *ont le* **droit de prétendre à tous les**
« **degrés de représentation.** *Rien n'est plus*
« *conforme à la déclaration des droits, devant laquelle*
« *tout privilège, toute distinction, toute exception, doi-*
« *vent disparaitre.* La Constitution établit que la sou-
« veraineté réside dans le peuple, dans tous les indi-
« dus du peuple. *Chaque individu a donc le droit de*
« *concourir à la loi par laquelle il est obligé, et à*
« *l'administration de la chose publique qui est la sienne.*
« *Sinon il n'est pas vrai que tous les hommes sont égaux*
« *en droit, que tout homme est citoyen.* » (1).

Il en résulte que Robespierre serait le précurseur, le père de la R. P. en France.

« *Tous les individus qui composent l'association,*
« disait aussi Pétion, *ont le droit inaliénable et sacré*
« *de concourir à la formation de la loi, et, si chacun*
« *pouvait faire entendre sa volonté particulière, la réunion*
« *de toutes les volontés formerait véritablement la volonté*

______
(1) Réimpression de l'ancien Moniteur, t. II. p. 91.

« *générale... Nul ne doit être privé de ce droit sous aucun*
« *prétexte et dans aucun gouvernement.* » (1).

Mais cette conception du droit de suffrage est
erronée ; et l'identification du *droit de suffrage* avec la
souveraineté nationale, fausse dans son principe, est
très dangereuse dans ses conséquences.

Nous avons montré, en effet, que si la génération
qui détient le pouvoir, a légitimement le libre *exercice*
de la souveraineté, elle n'en a pas la *propriété* ; c'est
un dépôt sacré que les générations se transmettent
l'une à l'autre (2).

Que s'il en était autrement, les obligations con-
tractées par la Nation et qui s'imposent à la génération suivante, de même que la soumission politique
et nécessaire de la minorité à la majorité ne trouve-
raient plus d'explication logique ; et, conséquence plus
grave, la souveraineté deviendrait *aliénable* en droit si
tous les membres qui composent actuellement la Nation
étaient unanimes à consentir cette aliénabilité.

Cette théorie de Rousseau, développée par Robespierre, reprise de nos jours par les partisans de la
R. P., voilà le fondement de tout le système proposé,
avec cette circonstance aggravante que la *souveraineté
nationale* n'appartiendrait plus à tous les individus,
sans distinction de sexe, d'âge ou de condition sociale
qui composent la Nation, mais aux seuls membres
actuellement investis du droit de suffrage politique.

La théorie de Rousseau aboutit aux conséquences
suivantes, non moins inacceptables que leur principe :

Il faut d'abord reconnaître aux femmes le même
droit de suffrage qu'aux hommes. Nous verrons plus
loin ce qu'il faut en penser.

<hr>

(1) Séance du 4 septembre 1789.
(2) A. ESMEIN, Op. cit. p. 216.

Il faut aussi reconnaître le droit de vote aux enfants, même à ceux qui sont encore au biberon. S'il s'agit, en effet, d'un droit naturel, il n'y a pas de raison pour leur refuser ce droit dont l'exercice pourra et devra être délégué, comme il l'est d'ailleurs pour d'autres droits, aux père, mère ou tuteur de ces enfants ; ce qui conduirait logiquement à donner à la famille un nombre de voix égal à celui des membres qui la composent, idée qui, au reste, n'est pas nouvelle.

En troisième lieu, la justification d'un domicile fixe et légal n'a plus de raison d'être, et cette exigence revêt le caractère d'une injustice indéniable.

Ensuite, la suspension du droit électoral, que légitiment uniquement des raisons tenant au bon ordre et à l'utilité générale, et dont sont frappés les militaires présents à leur corps, est attentatoire au premier chef à la dignité d'homme de ceux qui sont ainsi privés du droit de suffrage.

La perte du droit électoral pour cause d'indignité ne se justifie pas davantage, car la qualité d'être humain est ineffaçable, et si le droit de vote y est attaché, il est lui-même indélébile.

Enfin, si le droit de suffrage est un droit individuel, inhérent à la personne, chaque individu doit pouvoir en user à son gré comme de tout autre droit qui lui est propre, et dès lors les récriminations contre la corruption du scrutin et la vénalité des suffrages, de même que la répression à laquelle ces pratiques peuvent donner lieu sont sans fondement légitime.

Quelques citations feront mieux ressortir la portée de ces réflexions.

« *Ceux qui disent que le suffrage n'est pas une* « *charge, mais un droit*, écrivait Stuart Mill, *n'ont* « *sûrement pas examiné les conséquences auxquelles*

« *mène leur doctrine. Si le suffrage est un droit, s'il*
« *appartient au votant pour lui-même, comment le*
« *blâmer parce qu'il le vend, ou parce qu'il l'emploie à*
« *se faire bien venir d'une personne à laquelle il veut*
« *plaire pour quelque motif intéressé ? On ne demande*
« *pas à une personne de ne consulter que l'intérêt public*
« *dans l'usage qu'elle fait de sa maison, de son 3 °/₀ ou*
« *de tout ce à quoi elle a réellement droit.* » (1).

« *Cette conception orgueilleuse, égoïste, individuelle*
« *du droit de suffrage est assez naturelle,* dit M. F. Moreau.
« *Née spontanément dans la pensée des foules, qui ont*
« *passé brusquement du néant politique à la plénitude des*
« *droits et en ont ressenti quelque ivresse, elle a été*
« *confirmée et encouragée par ceux qui se sont établis les*
« *courtisans du nouveau souverain. Leurs hyperboles ont*
« *célébré la toute-puissance, la toute science, la toute*
« *bonté du suffrage universel. Devant lui, ils ont incliné*
« *toutes les autorités. Ils l'ont proclamé prophète des*
« *vérités de tout ordre, juge de toutes les questions. Ils*
« *ont juré obéissance à ses fantaisies, respect à ses ca-*
« *prices. La flatterie n'est pas désintéressée, et les habiles*
« *savent vivre aux dépens de celui qui les écoute. Et*
« *ainsi s'est fortifiée la conviction que chaque électeur*
« *est le libre propriétaire d'une fraction intangible de la*
« *souveraineté.* » (2).

« *En France, les publicistes et les juristes appartenant*
« *aux écoles les plus opposées, s'accordent à montrer avec*
« *la plus grande clarté toute l'inconsistance du préjugé*
« *populaire qui ne veut voir dans le suffrage qu'un sim-*

(1) Stuart Mill. Le gouvernement représentatif, traduction Dupont White,
page 235.

(2) F. Moreau. Le vote obligatoire, Revue politique et parlementaire, X (1896),
page 49,

« *ple droit personnel du citoyen. Mais le préjugé est*
« *tenace, car il est soigneusement entretenu par les poli-*
« *ticiens qui croient plus habile pour capter les votes du*
« *peuple de lui parler de droits et de pouvoirs plutôt que*
« *de devoirs et de responsabilités.* » (1).

« Qui ne voit immédiatement la différence pro-
« fonde qui sépare les droits politiques, et notamment
« le droit de suffrage des droits privés ? Ceux-ci sont
« établis dans l'intérêt exclusif de ceux qui les possè-
« dent. Les droits politiques, au contraire, sont institués
« par la loi en vue des intérêts de l'Etat. Le propriétaire
« qui exerce son droit, le fait en vue de son intérêt
« personnel ; il cultive et fait produire son fonds pour
« lui-même et non pour d'autres. L'électeur qui vote
« accomplit un acte dont les conséquences atteindront
« les autres aussi bien que lui-même, dont l'effet
« immédiat intéresse la société plus encore que sa
« propre personne. Il s'ensuit que la loi, qui reconnaît
« et sanctionne les droits privés, doit se laisser guider
« avant tout par l'intérêt des personnes qui en sont
« investies ; elle ne tiendra compte des intérêts géné-
« raux de la société que pour en réglementer l'exercice.
« Au contraire le législateur, lorsqu'il voudra établir
« les bases mêmes de l'électorat, devra se demander
« quelles conditions et quelles garanties il y a lieu
« d'exiger du citoyen, avant de lui attribuer un droit
« dont l'exercice réagira sur la nation entière ; et ici ce
« n'est plus l'intérêt personnel de tel ou tel citoyen
« qu'il devra prendre pour guide, mais celui de la
« société, de l'Etat. Rien ne montre mieux, d'ailleurs,
« l'incohérence de cette assimilation irréfléchie du droit

(1) Léon Dupriez. Op. cit. pages 74, 75, 76.

« de suffrage aux droits privés que les conséquences
« absurdes auxquelles elle aboutirait logiquement. Si
« l'électorat est un droit primordial attaché à la qualité
« de citoyen, la loi ne peut pour aucune raison l'enlever
« à quiconque n'a point perdu cette qualité. Comment
« justifier alors les conditions de sexe, d'âge, de domi-
« cile, imposées par toutes les législations? Les droits
« civils appartiennent aux femmes et aux enfants, et
« parmi ceux-ci les incapables trouvent des représen-
« tants qui exercent leurs droits à leur profit. Les
« nécessités de la discipline militaire ne vont point
« jusqu'à enlever la jouissance de leurs droits attachés
« à la personne. Les condamnés eux-mêmes conservent
« la jouissance de leurs droits privés : va-t-on demander
« la transformation des prisons en bureaux électo-
« raux ? » (1).

« L'électorat n'est donc pas un droit personnel du
« citoyen ; c'est avant tout une fonction, ou même un
« devoir, imposé par la loi au citoyen en vue du bien
« général, pour assurer le bon gouvernement de l'Etat et
« la sauvegarde des intérêts de la nation. C'est à ceux-là
« seuls qu'il juge capables de comprendre ces intérêts et
« d'y sacrifier leurs passions, que le législateur doit confier
« cette mission. Dès lors, la question de l'extension du
« droit de suffrage est une question purement contin-
« gente, dont la solution dépendra du degré de civili-
« sation, d'éducation, de moralité du peuple. » (2).

« Ce qui est inadmissible, c'est..... qu'en un jour
« d'élection où se posent, dans le choix d'un repré-
« sentant, que dis-je ? d'une forme de gouvernement,

____

(1) Léon Dupriez. Op. cit. pages 75 et 76.
(2) Léon Dupriez. Op. cit. pages 76 et 77.

« les questions les plus difficiles de droit constitutionnel,
« de relations avec l'étranger, des questions de vie ou
« de mort pour un peuple, le suffrage d'un individu
« sachant à peine lire ou écrire, ou recueilli dans un
« dépôt de mendicité, pèse d'un même poids dans la
« balance des destinées nationales que celui d'un homme
« d'État rompu aux affaires par une longue expérience.
« Il n'est pas de sophisme qui puisse colorer d'un pré-
« texte spécieux une pareille absurdité. Un pays qui
« sacrifie son existence à une utopie aussi dangereuse,
« court au devant de toutes les aventures : il est à la
« merci d'une force aveugle qui, obéissant tour à tour
« aux impulsions les plus contradictoires, l'entraîne
« tantôt d'un côté, tantôt de l'autre, et finit par le
« pousser aux abîmes. » (1).

« *En vérité l'égalité politique ne se confond pas,*
« *comme on l'affirme avec une assurance qui en impose*
« *aux esprits simples, avec la notion même de la justice.*
« *..... La justice commande-t-elle de faire correspondre à*
« *des situations inégales des droits égaux ? Et s'il en est*
« *ainsi, ne pouvons-nous pas conclure avec M. G. Picot*
« *qu'en imposant à tout homme la même valeur, on*
« *accomplit au nom de l'égalité, la plus révoltante injus-*
« *tice ? »* (2).

Cette théorie que le droit de suffrage est inhérent
à la personnalité humaine, et que tous les individus
sont politiquement égaux, fausse dans son principe,
dangereuse dans son application, inspire au citoyen
une idée exagérée, lui laissant croire qu'il peut librement voter selon ses intérêts ou ses caprices.

(1) Mgr Freppel. La Révolution française à propos du centenaire de 1789,
page 59.
(2) Léon Dupriez. Op. cit. pages 86 et 87.

Elle est fausse aussi, et plus dangereuse encore cette autre théorie que le corps électoral possède seul la propriété de la souveraineté, ce qui lui permet de méconnaître les droits de ceux qui ne votent pas, c'est-à-dire de plus des trois quarts de la nation, sans que ceux-ci puissent réclamer toutes les conséquences de leur personnalité, toutes les garanties utiles à leur liberté et à leurs intérêts.

Non, il n'est pas vrai que le droit de suffrage soit inhérent à la qualité d'être humain, comme il n'est pas vrai, en dépit de cette autre affirmation de Rousseau, que le pouvoir politique reste, après l'élection, en la seule possession du peuple « de droit *propre* et *inamissible.* »

Non, l'homme ne naît pas pourvu de la liberté politique. Il naît dans la société civile à laquelle il est soumis dans l'ordre politique, comme il naît dans la famille, soumis, dans les choses domestiques, à l'autorité du chef qui la dirige.

Et si la puissance, après l'élection, reste au peuple; si toutes les lois dépendent de sa libre acceptation, le peuple n'est plus tenu d'obéir au gouvernement légitime que selon sa volonté : dès lors la loi perd de sa force, la société est en butte à des perturbations perpétuelles, la révolution règne en permanence, et le bien social n'est plus possible puisqu'il dépend à tout moment des caprices changeants des volontés individuelles.

Organiser d'autre part le suffrage politique de telle manière que les citoyens soient en quelque sorte forcés par cette organisation même à ne consulter que les intérêts de leur parti et à oublier l'intérêt général de la nation, c'est inévitablement favoriser la lutte des intérêts et des forces, qui par eux-mêmes subissent déjà si difficilement le joug de la raison ; c'est multiplier les éléments déjà trop nombreux et si puissants de désunion nationale, et c'est le résultat auquel aboutirait fatalement la Représentation proportionnelle des partis politiques.

LA THÉORIE DU DROIT DE SUFFRAGE

La souveraineté nationale réside dans la nation tout entière dont l'Etat est la représentation juridique ; et la loi qui régit l'exercice de la souveraineté, c'est la volonté générale ou mieux, l'équivalent de cette volonté.

Or cet équivalent, il se trouve, et il ne peut se trouver que dans les volontés concordantes d'un certain nombre d'individus pris dans le corps de la nation ; donc c'est la résultante de leurs voix ou votes qui doit être considéré comme l'équivalent de la volonté générale.

La raison d'être du *gouvernement représentatif* et libre, c'est, on le sait, la supposition que le vote des représentants de la nation dégagera l'intérêt général et le fera passer dans la législation, abstraction faite, par les élus, autant que cela est humainement possible, de leurs intérêts particuliers, guidés qu'ils doivent être par les seuls sentiments de la raison et de la justice.

D'autre part, les électeurs investis de la mission de choisir ces représentants, ne doivent point oublier qu'ils n'agissent pas en leur nom propre et dans leur unique intérêt, mais au nom et dans l'intérêt de la nation tout entière, y compris ceux qui ne votent pas et qui sont les plus nombreux.

Sans doute pour que la représentation de la volonté générale — et non pas celle des partis politiques —

soit exacte, il est nécessaire d'investir du droit de suffrage le plus grand nombre possible de citoyens ; mais, il ne faut pas perdre de vue que les représentants ne seront capables et honnêtes que si les électeurs le sont eux-mêmes.

Ainsi, d'un côté, avantage d'élargir le droit de suffrage, de l'autre, nécessité de le subordonner à certaines conditions.

Mais — c'est un lieu commun de le redire — tous les individus ne collaborent pas également et de la même manière à la vie sociale : les uns concourent de toutes leurs forces au maintien et au perfectionnement de la société, les autres s'acharnent à la détruire ; logiquement ceux-ci devraient être exclus du corps électoral ; au moins la loi ne doit-elle pas mettre sur le même pied les criminels et les gens de bien.

Il ne convient pas non plus que des incapables soient appelés à dégager par leur vote l'expression d'intérêts généraux dont ils ne peuvent avoir la notion.

La question ne fait pas difficulté en ce qui concerne les enfants. Mais d'aucuns trouvent la législation trop sévère quand elle exclut les femmes du suffrage politique.

Ce n'est pas que le législateur ait voulu voir jusqu'alors dans la femme une infériorité politique originelle, une sorte d'incapacité intellectuelle qui doive lui faire refuser ce droit de suffrage. Mais il existe entre les travaux de l'homme et ceux de la femme une division naturelle bien marquée qui s'est perpétuée au cours des âges : l'homme est essentiellement destiné à la vie publique et aux fonctions qui s'y rapportent : la femme, au contraire, a naturellement la garde et le soin du foyer domestique. Et sans vouloir la confiner absolument dans les travaux de l'intérieur, ce qui, au reste, nous paraîtrait assez difficile, il semble toutefois qu'il est aussi déraisonnable de réclamer pour elle le suffrage politique qu'il le serait de vouloir l'assujettir au service militaire, de l'envoyer à la caserne.

En fait, la question du droit de suffrage se résume ainsi. L'électeur n'a pas à trancher par lui-même les problèmes politiques complexes qui exigent une expérience consommée et une connaissance approfondie des affaires de l'Etat. Son rôle se borne, en théorie, à faire un choix de personnes qu'il juge le plus aptes à guider et à diriger le gouvernement du pays; en pratique, à faire porter ses préférences sur l'une des conceptions politiques qui se partagent la nation.

Il faut donc accorder le droit de suffrage à tous les citoyens qui offrent des garanties de moralité et de capacité suffisantes, et en exclure tous les indignes et les incapables, au sens légal de ce mot.

Et toutes les fois que le suffrage est mis en jeu pour accomplir un acte de souveraineté, que ce soit sous forme directe ou par voie de représentation, c'est nécessairement le vote de la *majorité*, (le vote de la *major pars* du Concile de Latran de 1215), le plus grand nombre de suffrages exprimés dans un même sens, qui doit être considéré comme l'équivalent de la *volonté générale*.

C'est la seule règle naturelle et nécessaire, la seule pacifique et acceptable par tous, puisqu'il n'y a pas d'arbitre entre la *majorité* et la *minorité* qui puisse faire prévaloir la solution préférable.

Et en attendant que l'infaillibilité soit accordée à tous les hommes, ce qui ne paraît pas devoir être de sitôt, que les contempteurs du *système majoritaire*, comme on dit dans le barbarisme courant, souffrent que la société se décide à la pluralité des suffrages.

La loi de majorité, dit très justement M. Esmein, est une de ces idées simples qui se font accepter d'emblée ; elle présente ce caractère que, d'avance, elle ne favorise personne et met tous les votants sur le même rang (1). C'est donc la plus équitable.

Et puisque la volonté générale ne saurait être la volonté unanime et concordante de tous les citoyens-électeurs, parce qu'il serait chimérique de vouloir rechercher l'unanimité dans une collectivité d'hommes quelque peu étendue et d'opinions disparates ; puisque, d'autre part, ainsi que nous croyons l'avoir démontré, le but des élections n'est pas d'arriver à la représentation de l'opinion politique de chaque électeur, mais plutôt de choisir des représentants aptes à comprendre et à sauvegarder l'intérêt général de la nation, il est évident, — répétons-le encore — que l'équivalent de la *volonté générale* ne peut être que la *majorité* des suffrages exprimés dans un même sens.

« *Tout homme qui consent avec d'autres à faire un*
« *corps politique sous un gouvernement, écrivait Locke,*
« *contracte envers tout membre de cette société l'obli-*
« *gation de se soumettre à la décision de la majorité et*
« *d'être lié par elle ; car autrement ce contrat par lequel*
« *il s'incorpore avec d'autres dans une société ne signi-*
« *fierait rien et ne serait pas un contrat..... Etant donnée*
« *la variété d'opinions et la contrariété d'intérêts qui*
« *existent inévitablement dans toute réunion d'hommes,*
« *l'unanimité est comme impossible à obtenir. Par con-*

(1) A. ESMEIN. Op. cit. 225.

« *séquent, si l'entrée en société se faisait sous une telle*
« *condition, ce serait comme l'entrée de Caton au théâtre,*
« tantum ut exiret. » (1).

« Il y a là, sous une forme simple, dit M. Esmein,
« une remarque profonde. »

Et l'éminent auteur ajoute très judicieusement :
« *Là où il n'y a point de souveraineté monarchique et où*
« *la souveraineté réside dans la nation, sans la loi de la*
« *majorité, il n'y a ni droit, ni société possibles : c'est*
« *l'anarchie, et par suite l'oppression des faibles par les*
« *forts.* » (2).

(1) Locke. Essay on civil government N. 97.
(2) Esmein. Op. cit. page 226.

CHAPITRE VII.

Rapports juridiques
des Représentants de la Nation
avec leurs électeurs

Nous venons de voir que le peuple, par l'élection des membres du Parlement, participe à l'exercice de la souveraineté, et que le vote dans un certain sens de la majorité des électeurs était l'équivalent de la *volonté générale*.

L'application de cette règle est sans contestation lorsque les électeurs forment un corps électoral unique. Il en est ainsi chez les peuplades où s'exerce le gouvernement direct, et même dans les nations civilisées où fonctionnent le *plébiscite* (1) ou le *referendum*, quand il y a lieu de recourir à l'un ou à l'autre de ces modes de consultation nationale.

Mais, en dehors de ces cas particuliers, l'idée de faire élire une assemblée législative par un corps électoral unique ne saurait raisonnablement venir à l'esprit de personne ; car outre les difficultés matérielles insurmontables que présenterait ce mode d'élection, le Parlement issu d'une telle consultation électorale ne se composerait guère que de membres élus au petit bonheur, inconnus qu'ils seraient pour la plupart des électeurs, et les connaissant eux-mêmes moins encore.

Des nécessités pratiques obligent donc de frac-

(1) A remarquer que la question posée sur la R. P. lors de la récente consultation électorale, ne fut qu'un plébiscite déguisé, d'ailleurs sans portée, puisqu'elle n'était pas la seule figurant sur les programmes et qu'il est impossible d'en déduire, comme nous le prouvons plus loin, aucune conclusion certaine.

tionner le corps électoral en sections ou collèges particuliers dont le nombre varie nécessairement avec le mode de scrutin adopté.

Mais ces collèges électoraux agissent au nom de la nation tout entière, par une délégation particulière que celle-ci leur a consentie, et sans que ce fractionnement puisse, en aucun cas, porter atteinte au principe et à la *propriété de la souveraineté nationale,* ni même à l'unité de son *exercice,* auquel l'ensemble des électeurs est appelé à participer.

Ceux-ci n'ont donc pas le droit ni le mandat d'investir les représentants qu'ils ont choisis des pouvoirs que la nation a seule qualité pour leur conférer, ce qu'elle fait d'ailleurs par avance, sauf vérification de ces pouvoirs par l'assemblée à laquelle l'élu appartient (validation ou invalidation).

Rappelons les principes.

« *Il y a une première base incontestable,* disait « Thouret au nom des comités de constitution et de « révision, *c'est que, quand un peuple ne se réunit pas* « *pour élire et qu'il est obligé d'élire par sections, cha-* « *cune de ces sections, même en élisant immédiatement,* « *n'élit pas pour elle-même, mais élit pour la nation* « *entière.* » (1).

« *Le principe de toute souveraineté réside essentiel-* « *lement dans la nation ;* nul corps, nul individu ne « peut exercer d'autorité qui n'en émane expres« sément. » (2).

La souveraineté « *appartient à la nation,* aucune section du peuple *ni aucun individu ne peut s'en attri-* *buer l'exercice.* » (3).

---

(1) Assemblée nationale. Séance du 11 août 1791.
(2) Déclaration des droits de l'homme et du citoyen de 1789. Art. 3.
(3) Constitution de 1791. Titre III. Art. 1.

« Les représentants nommés dans les départements
« ne seront pas représentants d'un département parti-
« culier, mais de la nation entière, et il ne pourra leur
« être donné aucun mandat. » (1).

Si donc le représentant ne tient pas, en droit, ses pouvoirs de ses électeurs, mais de la nation entière, il doit avoir une complète indépendance et une pleine liberté d'appréciation dans l'exercice de ses fonctions tant que celles-ci ne sont pas arrivées à leur expiration légale.

Le fonctionnement normal et régulier du gouvernement représentatif exige que le représentant, au cours de sa mission, échappe juridiquement à l'action des électeurs, sauf à comparaître devant eux de nouveau à l'expiration de ses pouvoirs.

L'élection à temps et le renouvellement ou non de leurs fonctions, voilà la seule, légitime et efficace sanction que le peuple puisse exercer sur celui ou sur ceux qu'il a investis de sa confiance, afin de les empêcher de verser dans l'arbitraire ou de tromper cette confiance.

Les électeurs n'ont par conséquent pas le droit de limiter les pouvoirs de leurs élus par des instructions précises et initiales, ni de les obliger à statuer dans un certain sens sous peine de nullité de leurs actes.

Il ne saurait donc être question de *mandat impératif*, contraire au principe de la souveraineté nationale non moins qu'à celui du gouvernement représentatif, ni même de vœu positif quelconque autre que le vœu national : et ce vœu national lui-même ne peut trouver son expression que dans le Parlement.

Avec le système de la représentation propor-

(1) Constitution de 1791. Titre III. Ch. Ier sect. 3 art. 7.

tionnelle des partis politiques, au contraire, le mandat impératif devient en quelque sorte obligatoire.

Car le représentant, comme l'électeur, et plus encore que celui-ci, est lié au parti avec lequel il se confond ; il est sous la dépendance et la tyrannie de ce qu'il y a de plus bas dans ce parti, je veux dire de ses organes inférieurs, les comités électoraux.

Le mandat impératif est la négation de la *pleine liberté de discussion et de décision* qui appartient aux représentants de la Nation, et c'est en même temps l'asservissement des consciences, le chemin le plus direct pour aller à l'anarchie.

CHAPITRE VIII.

La Représentation proportionnelle des partis politiques.

Ses origines, ses principes, son aboutissement.

Nous savons que l'Etat correspond à une nation, produit de la nature et de l'histoire, et qu'il incarne un fait social dont il est la traduction juridique et la parfaite réalisation.

Cette conception est à la fois le fondement du droit public et le principe même du droit constitutionnel, lequel a pour objet naturel et nécessaire, la forme de l'Etat, la forme du gouvernement, la reconnaissance et la garantie des droits individuels.

Mais une science relativement nouvelle, la *sociologie*, qui a pour objet la recherche des lois naturelles qui régissent la formation, l'organisation, le développement et la décomposition des sociétés humaines, et dont l'influence se fait sentir jusque dans la science juridique, a quelques-uns de ses partisans, et non des moindres, nettement hostiles au principe de la *souveraineté*.

I. — Ces sociologues refusent, en effet, de voir dans l'Etat une forme vraiment spécifique des sociétés humaines ; ils substituent à la théorie que nous avons exposée et sur laquelle repose le droit public des nations civilisées, la théorie dite des *groupements humains*.

L'Etat, d'après eux, serait simplement l'un de ces

groupements, et, la société, l'ensemble de ces groupements maintenus par un lien quelconque.

Ainsi l'Etat, compris dans la conception de la société, n'en serait pas la limite ; l'Etat, personnification morale et juridique de la nation, ayant une individualité propre et autonome, distincte de celles des individus qui composent la nation ; l'Etat, titulaire permanent de la souveraineté, en qui réside l'autorité publique, autorité nécessaire et supérieure aux volontés individuelles des membres de la nation ; l'Etat n'est plus, pour ces sociologues, qu'une des formes de société, celle qui est à la fois la condition et le produit des autres ; et toute distinction tranchée, toute opposition entre l'Etat et la société deviennent impossibles. (1).

Cette doctrine, qui nous vient directement d'Allemagne, est ardemment soutenue de nos jours par des esprits éminents, au talent desquels nous sommes heureux de rendre ici un public hommage ; mais elle est inexacte et même dangereuse dans l'application qu'ils veulent en faire à la construction du droit public. Elle s'attaque à la fois à la nation de l'Etat et à celle de la souveraineté, qui d'ailleurs se confondent presque.

Sans doute l'Etat ressemble, à divers points de vue, aux *groupements humains* des sociologues ; mais il en diffère par la *souveraineté*, et constitue ainsi une association sans pareille, unique de son espèce : voilà ce que proclame la science du droit constitutionnel, après analyse des phénomènes sociaux, pour en dégager, précises et impératives, les règles des rapports entre les hommes.

(1) Jellinek, *Das Recht des modernen Staates*, t. 1ᵉʳ, Berlin, 1900, p. 86-87.

Mais serrons de plus près cette conception des sociologues.

« *Si dans un groupe social, écrit M. Duguit, il y a*
« *des individus plus forts que les autres, soit parce qu'on*
« *leur attribue une force morale ou religieuse supérieure,*
« *soit parce qu'ils disposent d'une puissance matérielle de*
« *contrainte, soit parce qu'ils peuvent s'appuyer en fait*
« *sur le consentement d'une majorité... On dit que dans*
« *ces sociétés, il y a une autorité politique ; on dit que*
« *ces sociétés sont des Etats lorsque cette plus grande*
« *force de quelques-uns présente un caractère de perma-*
« *nence et d'organisation.* » (1).

« *Les gouvernants ont toujours été, sont et seront*
« *toujours les plus forts en fait. Ils ont bien essayé avec*
« *le concours de leurs fidèles, de légitimer cette plus*
« *grande force, mais ils n'ont pu inventer que deux*
« *explications aussi artificielles l'une que l'autre et qui*
« *ne doivent tromper personne... Le droit divin du peuple*
« *n'a pas plus de réalité que le droit divin du roi.* » (2).

La personnalité de l'Etat apparait à M. Duguit comme une pure fiction, qui n'est point fournie par la nature et qui doit être éliminée de la science. (3).

Oui, certes, la personnalité de l'Etat est une fiction ; mais l'idée de Patrie elle aussi est une fiction. Et qui donc oserait nier que cette idée évoque à l'esprit la plus certaine, la plus noble, la plus pure des réalités !

Faudra-t-il aussi l'éliminer de la science ?

Pour M. Duguit, les gouvernants n'ont point de titre légitime, en dehors de leur possession de fait.

______

(1) *L'Etat*, page 97.

(2) *L'Etat*, page 242.

(3) *L'Etat*, p. 1-9, la prétendue personnalité de l'Etat ; et ch. V., la volonté des gouvernants, pages 320-340.

« *Le pouvoir politique, quelle que soit sa forme,*
« écrit ce savant auteur, *n'est donc jamais légitime dans*
« *son origine. Monarchie, aristocratie, démocratie, royauté,*
« *république, ces différentes formes de pouvoir politique*
« *ne sont que de l'évolution et n'ont pas plus l'une que*
« *l'autre, en elles-mêmes, le caractère d'un gouvernement*
« *légitime ; elles sont la traduction en langage conven-*
« *tionnel de ce fait qu'un seul, quelques-uns ou une*
« *majorité sont plus forts que les autres.*

« *Mais, si le pouvoir politique n'est jamais légitime*
« *dans son origine, s'il est en soi un fait étranger au*
« *droit, il peut devenir légitime par son exercice ; il*
« *peut devenir un* Rechtsstaat, *par la manière dont il*
« *s'exerce.* » (1).

M. Charles Benoist fait également bon marché du
principe de souveraineté.

« *Que vaut, écrit-il, à bien l'examiner, dans l'Etat*
« *moderne, que vaut cette notion de « souveraineté »* ?
« *D'où elle vient, on le sait. C'est une idée mystique et*
« *théologique. A quoi elle sert, on ne le voit pas ; en*
« *quoi elle nuit, cela éclate aux yeux.* » (2).

On peut rapprocher de ces opinions ce passage
d'un discours de M. Royer-Collard :
« *Oui,* dit-il, *les nations sont souveraines, en ce*
« *sens qu'elles ne sont pas possédées comme des territoires,*
« *mais qu'elles s'appartiennent à elles-mêmes et qu'elles*
« *ont en elles-mêmes, de droit naturel, les moyens de*
« *pourvoir à leur conservation et à leur salut, en ce sens*
« *encore que le consentement public est la seule base*
« *solide des gouvernants, lesquels existent ainsi par les*

(1) *L'Etat,* page 255.
(2) *La Crise de l'Etat moderne,* page 31,

« *nations et pour les nations.* Mais ces vérités incon-
« testables sont plutôt des maximes morales que des
« principes de gouvernement : elles expriment plutôt
« la souveraineté divine de la raison et de la justice
« que cette souveraineté humaine et pratique qui fait
« les lois et administre les États. *C'est celle-ci que nous*
« *cherchons, Où réside-t-elle ? Est-ce sur la place publique*
« *qu'elle rend ses oracles ?* La majorité des individus,
« la majorité des volontés quelles qu'elles soient, est-ce
« le souverain ? *S'il en est ainsi, il faut le dire bien*
« *haut,* la souveraineté du peuple n'est que la souve-
« raineté de la force *et la forme la plus absolue du*
« *pouvoir absolu... Les sociétés ne sont pas des rassem-*
« *blements numériques d'individus et de volontés, elles*
« *ont un autre élément que le nombre,* elles ont un lien
« plus fort, le droit, privilège de l'humanité et les
« intérêts légitimes *qui naissent du droit... Cette décom-*
« *position, si je puis m'exprimer ainsi, en droits et*
« *intérêts, substitués aux individus et aux volontés est*
« *à la fois la raison et la sanction du gouvernement*
« *représentatif.* » (1).

Il y a du vrai dans ces théories. Mais si l'on va au
fond des choses, il est bien difficile de ne pas constater
qu'elles fondent la souveraineté sur le pouvoir illégitime
de la force ou sur cette conception qu'il n'y a pas de
puissance supérieure à celle de la raison.

D'après M. Duguit, les gouvernants, qui dominent
par la force matérielle ou la force morale, ou par la
force du nombre, n'ont point de titre légitime en dehors
de leur possession de fait. M. Duguit nie le droit de
souveraineté, qui pour lui n'existe pas. Il nie qu'il

____

(1) De Barante. *La vie politique de M. Royer-Collard, Discours sur la pairie,*
1831. *Ses discours et ses écrits.* 2ᵉ édit. t. II p. 462,

puisse y avoir dans la nation une volonté supérieure aux volontés individuelles.

« *Nous avons nié la souveraineté,* écrit-il ; *nous*
« *avons affirmé que les gouvernants n'avaient pas le*
« *droit de commander en tant que gouvernants, parce*
« *qu'une volonté était toujours égale à une volonté indi-*
« *viduelle ; parce qu'aucun homme n'avait le droit de*
« *commander à un autre homme, parce que même*
« *l'unanimité moins un n'avait pas le droit de com-*
« *mander à un seul.* » (1).

Pour M. Duguit, la seule norme, le seul principe, c'est la « *règle de droit* ». L'auteur appelle ainsi toute règle conforme à la solidarité humaine.

Or la souveraineté nationale que nie M. Duguit, cette souveraineté que nie M. Charles Benoist, en la qualifiant, non peut-être sans une pointe d'ironie, d' « *idée mystique et théologique* », est au contraire — nous croyons encore l'avoir démontré — la notion la plus élevée qu'ait dégagée le droit public et sur laquelle il repose.

Quoi qu'il en soit, il est permis de trouver singulier que M. Duguit accorde de plein droit, sans difficulté et sans réserve, la personnalité aux associations qui se forment dans l'Etat, alors qu'il la refuse nettement à l'Etat, qu'il considère comme la plus étendue des associations.

Voici, en effet, ce qu'il écrit encore :

« *L'Etat est tenu juridiquement à n'apporter aucun*
« *obstacle à la formation des libres associations et à la*
« *création des fondations.* » (2).

Mais nier le principe de souveraineté, comme le

(1) *L'Etat,* page 424.
(2) *L'Etat,* page 285.

font MM. Duguit et Charles Benoist, n'est-ce pas affirmer le règne de la force, que nous avons repoussé, et que l'ancien régime répudiait en ces termes :

« *Le vulgaire ignorant dit quelquefois que le droit*
« *des souverains est le droit du plus fort. Il se trompe,*
« *car le droit du plus fort n'étant que l'exercice de la*
« *violence qui peut écraser, il est le funeste avantage de*
« *la multitude, dont la licence est toujours terrible* » ? (1).

M. Duguit, il est vrai, reconnaît que les gouvernements deviennent légitimes, s'ils se conforment à la « *règle de droit* », c'est-à-dire, d'après l'auteur, à la solidarité humaine, et s'ils respectent les *situations juridiques subjectives*, entendant par là tout acte de l'homme conforme à cette solidarité.

Mais ce ne sont là, remarque M. Esmein, que des idées abstraites empruntées au vocabulaire germanique.

De plus, la conception de la loi que propose M. Duguit, réunit et confond deux choses essentiellement distinctes. L'une est la *loi*, c'est-à-dire le « commandement du souverain » ; l'autre est la *coutume*, c'est-à-dire l'expression tacite et unanime de la volonté des populations, fondée sur des précédents répétés qui constituent, pour parler comme M. Duguit, autant de « situations juridiques subjectives ».

Cette confusion de la *loi* et de la *coutume*, c'est, aurait dit Montesquieu, une confusion entre la *nature* et le *principe* du pouvoir législatif.

M. Duguit semble confondre *l'opinion* qui inspire la loi et *l'autorité* qui l'édicte.

Or confondre ce qui doit rester distinct, ou séparer

<hr>

(1) F. Moreau. *Les devoirs du prince réduits à un seul principe ou discours sur la justice, dédié au roi.* Versailles, 1775.

ce qui doit être uni c'est, en tout ordre de choses, la destruction de l'harmonie et le germe du chaos.

M. Charles Benoist, dans son livre déjà cité, « *La Crise de l'Etat moderne* », proposait, lui, de remettre à des associations et corporations, à des classes particulières de citoyens, ou du moins aux membres qui les composent, considérés en cette qualité, l'exercice du droit électoral.

« *Ces réalités sociales, écrivait-il, ces vies collectives*
« *de l'individu, ne pourrait-on pas refaire et restaurer par*
« *elles les cadres imprudemment brisés ? Puisque, aussi*
« *bien, c'est tout le problème, d'organiser le suffrage uni-*
« *versel, ne pourrait-on pas leur emprunter les éléments*
« *d'une organisation ? L'individu n'y perdrait rien ; il y*
« *gagnerait de redevenir un être concret ; le citoyen rede-*
« *viendrait une personne vivante. Il n'y aurait de changé*
« *qu'une chose, mais tout l'Etat moderne en serait changé*
« *pour son plus grand bien ; voter, au lieu d'être l'exer-*
« *cice de la souveraineté, serait une fonction de la vie*
« *nationale ;* la théorie de la vie nationale remplacerait
« la théorie de la souveraineté nationale. » (1).

« Mais, remarque M. Esmein, si ces associations,
« ces corporations ou ces classes, qui sont les organes
« de la vie sociale, n'ont au-dessus d'elles aucune puis-
« sance, on retombe dans un système semblable à
« l'anarchie féodale. » (2).

Et comment la sauvegarde suprême du droit indi-viduel, comment le règne de la loi peuvent-ils être assurés si l'on se refuse de reconnaître une autorité

---

(1) *La Crise de l'Etat moderne*, p. 32, 33.
(2) Op. cit. p. 39,

supérieure aux individus, aux classes, aux partis politiques ?

Donc, nier la souveraineté, c'est tomber inévitablement dans ce dilemme :

Ou bien pas de lois, pas de gouvernement, et c'est la *chimère anarchique ;* ou bien les lois ne sont que des transactions passagères, fuyantes, mobiles, contradictoires, et c'est encore l'*anarchie dans l'ordre politique et social.*

II. — L'idée que les élus qui vont avoir la direction des intérêts généraux de la nation seraient désignés à la majorité des suffrages fut longtemps admise sans contestation ; non pas que l'on méconnût la nécessité des oppositions dans les assemblées délibérantes, mais on s'en rapportait à la variété des circonscriptions électorales pour donner aux minorités la place qui leur revient au Parlement.

Mais vers le milieu du xixe siècle, d'autres conceptions commencèrent à se faire jour. Le principe de la *représentation des minorités* fut alors envisagé comme un postulat de la justice, et l'on arriva bientôt à la théorie de la *représentation proportionnelle* dont la première idée est attribuée à Victor Considérant (1).

D'après cette théorie, les sièges attribués à une même circonscription électorale nommant plusieurs représentants doivent se répartir entre les divers partis qui ont pris part à l'élection, et proportionnellement au nombre de voix obtenues par chacun de ces partis ; ce qui suppose, pour le fonctionnement normal du système, des circonscriptions électorales très étendues,

____

(1) KLÖTI. *Die Proportionnalwahl in der Schweiz,* p. 20. — Écrit intitulé : « De la « sincérité du gouvernement représentatif, ou exposition de l'élection véridique » *adressé aux Membres du Grand Conseil constituant de l'État de Genève, en 1846,*

de telle sorte que les divers partis puissent avoir au moins un candidat élu dans chacune de ces circonscriptions.

S'il en est autrement, si une minorité relativement importante n'obtient pas un nombre de suffrages suffisant pour être représentée, la loi de soi-disant justice électorale ne joue plus (1).

L'apparence de justice proportionnelle qu'on place à la base de cette théorie séduisit beaucoup d'esprits généreux et lui rallia de nombreux partisans.

On invoque surtout, comme argument décisif, l'hypothèse d'une circonscription où l'élection étant faite au scrutin de liste, à la majorité des voix, un parti emporterait tous les sièges tandis qu'une minorité, inférieure de quelques voix seulement à la majorité, n'en obtiendrait aucun ; et l'on condamne sans appel le système dit majoritaire avec cette formule dont on ressasse le corps électoral : « *la majorité a tout et la minorité rien.* »

Pesons ces arguments.

La thèse de la représentation proportionnelle pourrait se soutenir si le droit de représentation était personnel aux individus, et si le droit de vote était inhérent à la personnalité humaine, encore que restreint à la seule catégorie des membres de la nation inscrits sur les listes électorales ; si, en un mot, l'électeur-citoyen possédait en lui une parcelle de la souveraineté nationale et exerçait ainsi un droit propre et individuel.

Alors il serait vrai de dire que le représentant tient juridiquement ses pouvoirs des électeurs ; et il s'ensuivrait que, sans descendre cependant jusqu'aux

____

(1) Il est certain que bon nombre de circonscriptions départementales actuelles ne répondraient pas, à ce point de vue, aux exigences du système.

infiniment petits par nécessité pratique, les minorités sérieuses et honnêtes auraient un droit ferme à être représentées en proportion des suffrages qu'elles auraient obtenus.

Mais nous avons repoussé cette conception, et montré qu'elle était en opposition manifeste avec le principe de la souveraineté ; nous avons montré que le choix des représentants de la nation était indivisément confié au corps électoral tout entier ; que la décomposition de ce corps électoral en collèges particuliers résultait d'une nécessité pratique ; qu'elle ne conférait à ceux-ci aucun droit propre, pas plus qu'aux électeurs dont ces collèges étaient composés, les uns et les autres ne statuant pas en leur droit propre, mais en vertu d'une délégation qui leur est consentie par la nation.

Pour appuyer de la haute autorité de Mirabeau la thèse qu'ils soutiennent, les proportionnalistes donnent, à une phrase du grand tribun, un sens et une portée qui ne s'y trouvent point ; et il en déduisent triomphalement cet axiome de science politique, qu'une assemblée représentative doit être un miroir fidèle où le corps électoral se reflète exactement avec les divers éléments qui le composent.

Que vaut encore cet argument ?

« *Les assemblées représentatives*, fait-on dire à « Mirabeau, *peuvent être comparées à des cartes géogra-* « *phiques, qui doivent reproduire tous les éléments du* « *pays avec leurs proportions, sans que les éléments les* « *plus considérables fassent disparaître les moindres.* » (1).

Mais cette phrase n'est pas ainsi rapportée dans les « *Œuvres de Mirabeau* » où on lit :

____

(1) M. Kloti. Op. cit. page 178, note 1.

« L'importance de chaque agrégation est bien plus
« difficile encore à déterminer pour une nation qui,
« comme la nôtre, est divisée en *trois ordres* qui, se
« réunissant en corps de nation, n'entrent dans le tout
« qu'avec la mesure relative de leur importance. *Les*
« *Etats sont pour la nation ce qu'est une carte réduite*
« *pour une étendue physique ; soit en petit, soit en grand,*
« *la copie doit toujours avoir les mêmes proportions que*
« *l'original.* » (1).

Ainsi, Mirabeau dit : « *les Etats* » et non « *les assem-*
blées. » Il y a, dans cette substitution de mots, plus
que l'importance d'une erreur de transcription typo-
graphique.

La phrase dont il s'agit, extraite d'un discours que
prononça Mirabeau, aux Etats de Provence, le 30 janvier 1789, alors qu'on se préparait à l'élection des Etats
généraux, montre clairement que le grand tribun
n'avait en vue que ces Etats, qu'il protestait uniquement contre la représentation, avec égalité d'influence
pour chacun d'eux, des trois Ordres, inégaux en nombre, qui siégeaient aux Etats généraux.

Que le nombre des représentants à élire soit, dans
chaque circonscription, aussi exactement que possible
proportionnel au chiffre total de la population nationale,
c'est un désir très légitime, c'est un acte de justice que
nul ne saurait sérieusement contester.

Mais il est pour le moins singulier de représenter
Mirabeau comme un précurseur de la représentation
proportionnelle, lui qui a si bien compris les droits
nécessaires de la majorité, alors que dans ce même
discours du 30 janvier 1789, il s'exprimait ainsi :

« *Lorsqu'une nation n'a point de représentants, cha-*

<hr>

(1) *Œuvres de Mirabeau*, édit. Mérilhou, t. I, page 6.

« *que individu donne son vœu par lui-même. Lorque la*
« *nation est trop nombreuse pour être réunie dans une*
« *seule assemblée, elle en forme plusieurs et tous les indi-*
« *vidus de chaque assemblée donnent à un seul le droit*
« *de voter pour eux.* » (1).

Analysons cette phrase.

« *Lorsqu'une nation n'a point de représentants, cha-*
« *que individu donne son vœu par lui-même.* » — C'est
l'exercice direct du pouvoir.

« *Lorsque la nation est trop nombreuse pour être*
« *réunie dans une seule assemblée, elle en forme plu-*
« *sieurs.* » — C'est la décomposition de la nation en
collèges électoraux.

« *Et tous les individus de chaque assemblée donnent*
« *à eux seuls le droit de voter.* » — C'est la formule
même du scrutin uninominal, la forme antinomique à
la représentation proportionnelle.

Il en résulte que s'il vivait de nos jours et qu'il
écrivît de semblables choses, Mirabeau, bien loin d'être
adulé comme un proportionnaliste, serait honni comme
le dernier des « arrondissementiers. » (2).

L'idée qu'une assemblée représentative doit être en
petit l'image du corps électoral, et sur laquelle insistent
tant les proportionnalistes, idée qui pour eux est
l'expression même de la vérité et de la justice, n'est
encore, nous semble-t-il, que le résultat d'une confusion.

Précisons. L'axiome serait exact si l'assemblée
législative était uniquement représentative. Il en devrait
être incontestablement ainsi de toute assemblée élective
dont la mission est simplement consultative. Pour que
l'autorité supérieure qui doit décider puisse statuer en

---

(1) *Œuvres de Mirabeau.* Édit. Mérilhon, tome I, page 6.

(2) Cette expression « arrondissementiers » est d'ailleurs impropre, le « scrutin
uninominal » n'étant pas, en principe, synonyme de « scrutin d'arrondissement ».

pleine connaissance de cause sur une question qu'elle est appelée à trancher, il lui faut nécessairement entendre tous les avis ; car on ne résout bien une question que si l'on en connaît parfaitement toutes les faces ; que si l'on se trouve en présence d'une opinion contradictoire qui permette d'en peser le pour et le contre ; sinon l'on s'expose à décider imprudemment, à résoudre arbitrairement, à compromettre, irrémédiablement peut-être, les intérêts de la cause que l'on a pour unique but de sauvegarder.

La question de représentation des partis ne se poserait même pas si le rôle du représentant était simplement d'exposer, de discuter et de défendre les intérêts du parti qui l'a élu.

Mais est-ce bien de cela qu'il s'agit ?

Certainement non. Ce serait ravaler la noble fonction de représentant de la nation au rôle ingrat de commis-voyageur en opinions politiques.

Dépositaires de l'exercice de la souveraineté, représentants de la nation tout entière, les membres du Parlement ont pour devoir essentiel de maintenir avec fermeté *le principe même de la souveraineté* et d'imposer à tous le respect de l'autorité qui en découle.

Tout représentant qui défaille devant ce devoir, tout représentant dont l'unique ambition est de défendre les intérêts d'un parti, quelque respectables que soient d'ailleurs ces intérêts, se rend indigne de la haute mission que la nation lui a confiée.

Les proportionnalistes veulent bien reconnaître que dans une assemblée où l'on discute des mesures à prendre et qu'en définitive on vote sur elles, la minorité doit nécessairement se soumettre à la majorité. Mais ils objectent cette fameuse maxime : « *Agir est le*

« *fait d'un seul, délibérer est le fait de plusieurs :* donc *la*
« *délibération à tous, la décision à la majorité.* »

Ils sont, une fois de plus, le jouet d'une illusion.

Les assemblées législatives ne délibèrent pas seulement : elles votent, elles statuent, et exercent ainsi l'un
des attributs de la souveraineté *une, indivisible, inaliénable* et *imprescriptible*. Or l'exercice de la souveraineté
est soumis à la loi, et celle-ci est l'équivalent de la
volonté générale, c'est-à-dire de la majorité. Donc, pour
assurer le *droit de décision*, qui appartient à la majorité,
les assemblées législatives, c'est l'évidence même, doivent être construites et composées d'après le *principe
majoritaire*.

Le gouvernement représentatif est nécessairement
le gouvernement de la majorité.

Il repose sur cette idée que la direction du pays
va appartenir, en partie du moins et pour un temps
déterminé, pour la durée de la législature, par exemple,
aux représentants choisis par la majorité des électeurs.

Si le pays tout entier constituait un seul collège
électoral, la majorité aurait le droit de nommer tous
les représentants, comme elle nomme le titulaire du
pouvoir exécutif là où il est désigné par le suffrage
populaire. La majorité légiférerait seule par le mode
représentatif, comme elle légiférerait seule si le pouvoir
législatif était directement exercé par le peuple.

Nous ne méconnaissons pas, encore une fois,
l'utilité des minorités ; mais nous leur dénions la
prépondérance qu'elles revendiquent et que pourrait leur
donner le mode de scrutin proposé par les proportionnalistes. Nous ne disons pas non plus que cette prépondérance serait certaine ; mais il suffit qu'elle soit
possible pour que le système proposé soit rejeté.

Nous ajoutons que le système majoritaire, même poussé à l'extrême, ne recèle, quoi qu'en disent les proportionnalistes, aucune injustice envers la minorité, puisque la majorité n'y obtient jamais que son droit ferme et rien de plus.

Le rôle des minorités ne consiste pas à réclamer une *part* dans le gouvernement, mais à s'efforcer de gagner des adhérents pour devenir la majorité : voilà le mouvement, voilà le stimulant, le ressort de la vie politique et sociale.

Oui, sans doute — ne nous lassons pas de le répéter — une majorité sans minorité opposante, serait le mode le plus dangereux peut-être de gouvernement. Il est donc utile, nécessaire, indispensable, que les minorités consciencieuses puissent faire entendre leur voix au Parlement.

Mais, pour cela, peu importe le nombre de leurs représentants.

Faut-il rappeler l'exemple des *Cinq* qui, sous le second Empire, étaient parvenus à entrer au Corps législatif et dont le talent, le courage et les voix infatigables ont suffi pour maintenir hauts et clairs les reproches et les revendications du parti républicain ?

Et l'expérience de toutes les élections législatives ne permet-elle pas d'affirmer qu'il n'est pas une minorité de quelque importance qui ne devienne majorité dans quelques circonscriptions ?

Gagner des partisans à sa cause, faire un choix judicieux de ses chefs et poster les plus utiles dans les collèges dont elle dispose, voilà le rôle de la minorité.

Augmentant la force des minorités par rapport à la majorité, et accentuant en même temps la diversité des opinions dans les chambres, la Représentation proportionnelle rendrait certainement la formation des lois plus pénible. Les projets de loi se feraient plus difficilement adopter ; et, pour passer, ils devraient subir des modifications dont chacune serait une concession faite à l'une quelconque des fractions de la minorité et qui seraient en même temps des déviations, dans les sens les plus divers, contradictoires peut-être, des principes qui sont à la base du projet, s'écartant des dispositions harmoniques qui le rendent utile, rendant même parfois la loi issue de ces concessions tout à fait inapplicable.

Mais, nous répondent les proportionnalistes, c'est précisément « la tâche de la représentation nationale « de concilier dans un seul texte de loi toutes les « variantes de la législation désirable qui existent dans « toutes les têtes des citoyens, de manière à les satis- « faire tous, s'il est possible, ou tout au moins la moitié « plus un. Toute loi doit être ainsi une transaction » (1). Les solutions transactionnelles sont les meilleures en pratique. C'est la sagesse moyenne, la médiocrité qui mène le monde.

Peut-être, répondrons-nous, encore que nous inclinions à croire que ce sont plutôt les élites qui le mènent. Mais, est-ce à dire que de parti pris, il faille organiser le pouvoir législatif de manière à rendre les déviations naturelles qui s'y produisent plus nombreuses et plus divergentes, et plus incohérente encore la formation des lois déjà si pénible ?

Pour empêcher les réformes prématurées, les votes d'entraînement, les résolutions extrêmes qui dépassent le tempérament national, le gouvernement représentatif

____

(1) Kloti. Op. cit. p. 190.

de droit commun a établi, comme précaution sage et suffisante, l'institution de deux Chambres. Vouloir la doubler, à ce point de vue de la représentation proportionnelle, c'est, remarque encore M. Esmein, faire d'un remède un véritable poison ; c'est organiser le désordre, et émasculer le pouvoir législatif (1).

Ce n'est pas tout. Les intérêts de la société ont besoin d'une sécurité suffisante, qui ne peut être assurée que par une certaine stabilité de la législation et du gouvernement. Or le principe proportionnel est destructif de cette stabilité : car non-seulement la législation serait perpétuellement remise en question, mais c'est le gouvernement, c'est la forme de l'Etat elle-même qui deviendraient la préoccupation essentielle du pays à chaque renouvellement intégral ou seulement partiel du Parlement.

Croit-on que l'autorité publique, nécessaire pour garantir les droits et diriger la société s'en trouverait renforcée? Est-il donc si utile d'ajouter aux éléments de trouble, produits de l'histoire et du caractère national, d'autres éléments de trouble artificiels et voulus?

On est saisi d'étonnement devant le calme que gardent les proportionnalistes quand on leur pose ces questions pourtant si vitales pour un pays! Ils se bornent à répondre que s'il existe dans le pays une majorité réelle, le système proportionnel ne l'empêchera point de se dégager, et que, si elle n'existe pas, la faute n'en est point à ce système.

Comme si le système ne portait pas en lui-même une cause de sécession dans le corps électoral, et ne

_____

(1) A. ESMEIN. Op. cit. p. 247.

contenait pas en germe le principe de toutes les coalitions les plus bâtardes au sein même du Parlement !

Comme si un certain nombre de minorités juxtaposées pouvait être l'équivalent d'une majorité stable !

Et voilà comment, sans plus de façon, les proportionnalistes assimilent le Parlement où s'élaborent les lois et où s'exerce le pouvoir, au chaudron dans lequel les trois sorcières de Macbeth jetaient et agitaient les substances les plus hétérogènes pour composer leur infernale mixture !

Enfin, objectent les proportionnalistes, « dans les « démocraties en particulier, la législation par voie de « compromis est la seule voie droite, la voie la plus « sûre pour conduire une nation qui progresse len- « tement, c'est vrai, mais constamment, ce qui est « encore la façon la plus rapide ; et le principe de la « *volonté générale* doit subir des restrictions et des « limitations pour se faire accepter par la moyenne des « esprits. Il faut en outre de toute nécessité, que « cette volonté s'exprime avec une certitude incontes- « table ; et si la nation ne peut intervenir tout entière « dans la constitution du pouvoir, encore faut-il que « le corps électoral, à qui incombe le devoir de dési- « gner les représentants auxquels l'exercice de la sou- « veraineté va être confié, se prononce en majorité ; « car si une partie des électeurs reste à l'écart du « scrutin, si le nombre des abstentions est trop nom- « breux, la volonté nationale risque d'être faussée « dans son expression, la majorité parlementaire pou- « vant bien ne plus représenter qu'une minorité dans « le pays. »

C'est, en apparence, l'objection la plus sérieuse qu'on puisse faire au système majoritaire.

Mais allons plus loin encore ; nous admettons bien volontiers — qui donc oserait le contester ? — qu'une majorité peut devenir oppressive et que la minorité a droit à des garanties.

Quelles seront ces garanties ?

Le referendum ? une représentation quelconque des minorités ? Nous n'y contredisons point si l'on y tient ; encore que ces remèdes nous paraissent offrir plus d'inconvénients que d'avantages.

La véritable garantie se trouve, à notre avis, dans le respect des droits individuels et des libertés qui les protègent, libertés grâce auxquelles une minorité sage peut agir sur l'esprit public, influencer heureusement le Parlement, et devenir à son tour la majorité politique.

Quant à l'influence du nombre des abstentions sur le résultat des élections, nous pourrions répondre que les abstentionnistes sont des électeurs qui, pour la plupart, acceptent d'avance la volonté exprimée par la majorité de ceux qui votent ; qu'en tout cas, il n'y a pas de raison suffisante pour les englober tous dans la minorité. Mais ce ne serait pas résoudre complètement la question. Admettons que l'objection soit fondée en faveur des proportionnalistes.

Alors nous proposerions une solution qui nous paraît aussi juste qu'elle est simple : imposer l'obligation du vote et lui donner les sanctions convenables pour restituer sa sincérité au suffrage universel.

Ah ! nous entendons bien le tintamarre de récriminations qu'une telle proposition soulèverait.

Mais, va-t-on se récrier, en transformant le devoir moral de l'électeur en obligation légale, vous porteriez atteinte à la liberté de l'individu ?

Erreur, répondons-nous ; la liberté ne consiste pas à s'affranchir de ses devoirs.

Et ce n'est pas porter atteinte à la liberté de l'individu que de l'empêcher de léser les droits de ses semblables ou les intérêts légitimes de l'Etat, l'abstention d'un électeur pouvant avoir, en effet, sa répercussion fatale sur la direction politique du gouvernement, nuire à la société tout entière et à chacun de ses membres.

Oui, il est indéniable que si les abstentions deviennent nombreuses, le régime représentatif est sapé dans sa base, ébranlé dans ses fondements. Mais la représentation proportionnelle n'y apporte, pas plus qu'un autre mode de scrutin, de remède efficace ; il faut des sanctions.

Lesquelles ?

Nous nous bornons à indiquer celles-ci : privation à temps du droit électoral, avec incapacité, si on le juge utile et durant le temps de cette privation, de recevoir toute nomination, promotion, décoration, etc., de l'autorité publique, peines parfaitement justifiées par cette considération que celui qui ne remplit pas ses devoirs envers l'Etat n'en doit recevoir aucune faveur.

Le vote obligatoire est donc une mesure tout à fait légitime parce que — redisons-le —, d'une part, l'électeur en votant, n'exerce pas un droit purement personnel dont il peut user ou abuser au gré de ses désirs ou de ses caprices, mais remplit un devoir, une fonction sociale, assimilable, si l'on peut ainsi parler, au devoir du juré appelé à siéger à une cour d'assises ; et que, d'autre part, en s'abstenant, il risque de porter atteinte aux plus hauts intérêts de la société politique dont il fait partie, d'entraver ou de fausser la marche régulière du gouvernement de l'Etat.

III. — C'est peut-être dans un sentiment moins élevé que celui de la justice sociale qu'il faut descendre pour trouver le mobile qui a fait naître et se développer le mouvement proportionnaliste.

Déjà M. Wœste le laissait clairement entendre au Parlement belge, lors de la discussion de la loi électorale qui régit aujourd'hui ce petit pays.

« *Si vous considérez la Chambre, disait-il, comme* « *étant, comment dirai-je ?... une espèce de pomme que* « *les coparticipants doivent se partager suivant leur appétit,* « *il est évident que la justice proportionnelle a pour elle* « *la justice absolue. C'est l'apparence ! Mais s'il faut* « *considérer le Parlement comme étant destiné, d'une* « *part, à servir de contrôle au gouvernement et, d'autre* « *part, à lui fournir une base assez solide pour sauve-* « *garder les intérêts sociaux, pour préserver les intérêts* « *de l'ordre public et de la justice, alors la R. P. est une* « **iniquité suprême** *parce que, par suite des groupe-* « *ments et des émiettements qu'elle produit, elle enlève* « *précisément à cet instrument qu'on appelle les Chambres,* « *la vertu qu'il doit avoir, c'est-à-dire d'aider le gouver-* « *nement et de le mettre à même de remplir sa mis-* « *sion.* » (1).

M. Esmein, parlant du grand ressort caché qui a fait surgir et grandir la R. P., s'exprime ainsi :

« *Il me paraît résider dans une conception d'après* « *laquelle les sièges des membres du Parlement (et* « *probablement aussi les autres fonctions publiques),* « *considérés comme une somme totale de places hono-* « *rifiques, influentes et rémunérées, doivent, au nom de* « *l'équité et de l'égalité, se répartir entre tous les partis*

(1) Séance du 22 septembre 1899. Ann. parl., p. 2643.

« *proportionnellement à leur importance. C'est comme*
« *une rectification équitable de la maxime américaine :*
« *les dépouilles au vainqueur !* » (1).

Cette idée de *partage* revenait constamment dans les formules des proportionnalistes belges :

« *La représentation proportionnelle,* disait M. de
« Trooz, ministre de l'Intérieur, *est intégralement*
« *appliquée par le projet de loi. Dans chaque arron-*
« *dissement électoral, soit pour la Chambre, soit pour le*
« *Sénat, les partis pourront* obtenir une part de repré-
« *sentation correspondant à leur force... Tous les partis*
« *sont placés sur un pied d'égalité. Chacun* reçoit exacte-
« ment la part de représentation *à laquelle ses forces*
« *électorales lui donnent droit, aucun avantage n'est*
« *accordé au parti le plus fort.* » (2).

En France, il semble bien que cette formule de *partage* soit le fond de la doctrine, le principe même sur lequel repose tout le système proportionnel.

Faut-il citer des faits ?

Voici d'abord un vœu déposé par des membres d'un Conseil général :

« *Le Conseil général,*
« *Considérant que les élections législatives viennent*
« *de démontrer qu'il existe en faveur de la réforme élec-*
« *torale un vaste mouvement d'opinion ;*
« *Considérant que le rétablissement du scrutin de*
« *liste avec représentation proportionnelle est le seul*
« *moyen d'assurer plus de justice dans la constitution*
« *des assemblées délibérantes en donnant une part légi-*
« *time à toutes les opinions...* »

---

(1) A. Esmein. Op. cit. p. 245-246.
(2) Sénat belge. Séance du 12 décembre 1899. Ann. parl., p. 39.

Voici ensuite un passage d'une lettre de remerciements adressée aux électeurs du collège où il fut candidat, par un membre de l'Assemblée législative :

« *Et si mes adversaires gardent quelque amertume,*
« *je les convie une fois de plus, au lendemain d'un*
« *scrutin qui vient de confondre leurs espérances coa-*
« *lisées, à réclamer avec moi cette* Représentation
« *Proportionnelle qui rendrait inutiles, à l'avenir, de*
« *telles coalitions parce qu'elle serait la représentation*
« *équitable de tous les partis et assurerait à tous les*
« *citoyens leur* part de souveraineté nationale. »

Il serait facile de multiplier ces exemples, et de montrer que pour certains proportionnalistes, le principe de la fameuse réforme de justice sociale ne dépasse guère l'appétit excité par l'appât de la non moins fameuse « *assiette* ».

N'insistons pas : il nous répugne de nous arrêter à ce petit côté de la question.

Bornons-nous à faire remarquer que, dans le système proportionnel, c'est le parti qui figure au premier plan, le candidat et l'électeur n'étant plus, en quelque sorte, que des personnages secondaires. Il s'agit, avant tout de savoir comment les sièges seront répartis entre les divers partis selon le nombre de voix que chacun d'eux peut revendiquer.

Du libre choix de l'électeur pour le candidat qui place l'intérêt national au-dessus de l'esprit de parti, il ne saurait plus être question.

Le système proportionnel nous reporterait à l'époque de cette loi qu'on attribue à Solon et d'après laquelle tout citoyen d'Athènes était obligé de prendre parti dans les discordes civiles et de se ranger d'un côté ou d'un autre.

Voilà, pourrions-nous dire, avec M. Bara, aux proportionnalistes, voilà l'aboutissement de votre système, c'est la carte, le vote forcé. Et ce droit de suffrage pour la conquête duquel on a dispensé tant d'efforts, il se réduit à obliger l'électeur à voter comme le veut son association !

« Et voilà pourquoi on a fait couler tant de flots
« d'encre ; voilà pourquoi on a prononcé des discours
« éloquents, voilà pourquoi on a fait même des
« émeutes dans la rue. Tous ces efforts n'ont abouti
« qu'à faire de l'électeur un pantin de son association,
« dont quelques hommes tiennent les ficelles ! (1)

Est-il bien vrai, au reste, que le mouvement de l'opinion en faveur de la R. P. soit si vaste ? que l'opinion ait une idée parfaitement exacte du système qu'on lui propose et qu'elle en désire ardemment, par-dessus tout, l'application aussi prompte que possible ?

S'il en était ainsi, nous pourrions rappeler ce que nous avons dit au début de cette étude à savoir que l'opinion peut errer, n'étant pas créatrice de la vérité. Mais ce serait nous exposer, peut-être, au reproche de vouloir nous dérober devant un si puissant argument.

Eh bien, non ; soyons beau joueur, jusqu'au bout.

Nous concédons bien volontiers aux proportionnalistes qu'ils sont tous des mathématiciens hors ligne, à condition toutefois qu'ils nous permettront cette simple remarque de bon sens, croyons-nous :

Par leurs calculs d'une précision admirable, les proportionnalistes supputent, à quelques unités près, le chiffre total, vraiment imposant, des électeurs qui se sont prononcés, lors des récentes élections législatives, en faveur de leur système.

(1) M. Bara, au Sénat belge. Séance du 15 décembre 1899. Ann. parl., p. 88.

Méfiez-vous, leur dirons-nous, de la magie des chiffres ! Vos calculs seraient peut-être exacts, si les élections s'étaient faites sur l'unique question de la R. P.

Mais que d'électeurs opposés à cette réforme ou qu'elle laissait indifférents, ont voté pour l'un de ses partisans et *vice versa*, parce que l'ensemble de son programme leur offrait plus de garanties d'ordre social que celui de l'adversaire !

En vérité, on ne peut guère concevoir un pareil régime qu'après des guerres civiles, lorsque les partis combattants de lassitude posent les armes et concluent une paix momentanée.

Le système sent la guerre civile à peine finie ou menaçante. Il rappelle en pleine paix les Chambres mi-partie composées de catholiques et de protestants qu'établissait l'Edit de Nantes pour juger en dernier ressort les procès où figuraient des protestants.

Mais est-ce bien là l'équilibre de la paix et de l'égalité ? Nous ne le croyons pas.

« *Je ne voudrais rien exagérer ni noircir le tableau,*
« écrit encore M. Esmein ; *mais il me paraît que logi-*
« *quement la représentation proportionnelle menace le*
« *principe même d'autorité, de souveraineté politique. En*
« *l'introduisant dans la démocratie, là où règne le gou-*
« *vernement de la nation par elle-même au moyen des*
« *assemblées élues, il semble qu'on veuille qu'aucun organe*
« *de la nation, par l'action d'une majorité certaine, ne*
« *puisse imposer sa volonté légale, et que la législation et*
« *le gouvernement soient seulement possibles avec l'accep-*
« *tation de tous les partis. Ce n'est point qu'on ait foi*
« *dans la puissance de la vérité et qu'on espère réunir*
« *toutes les adhésions par la force de la raison. Tout au*

« *contraire*, comme l'a dit M. de Helleputte au Parle-
« ment belge, *la représentation proportionnelle procède*
« *d'un* **scepticisme profond** *aux yeux duquel toutes*
« *les opinions sont égales. C'est par lassitude ou indiffé-*
« *rence que l'on finira par tomber quelquefois d'accord.*
« *Logiquement la représentation proportionnelle est à*
« *l'entrée d'une voie au bout de laquelle se trouve*
« **l'anarchie** (1).

(1) A. Esmein. Op. cit. p. 250.

ÉPILOGUE

Des esprits inquiets, trop inquiets assurément, voient dans les progrès de l'idée proportionnaliste, dans la contagion malsaine, comme ils disent, qui semble gagner tant de Français, le résultat de cette indépendance absolue de la pensée qui tend à la multiplication des opinions et des *credos* particuliers, et de cet attrait du nouveau si puissant sur les générations contemporaines et surtout sur le peuple français.

Ils appliquent à la diffusion du nouvel Evangile politique cette remarque de Bossuet, expliquant la multiplicité des sectes protestantes :

« *Deux choses*, disait l'illustre prélat, *causent ce* « *désordre dans les hérétiques ; l'une est tirée de l'esprit* « *humain qui, depuis qu'il a une fois goûté de la nou-* « *veauté, ne cesse de rechercher avec un appétit déréglé* « *cette trompeuse douceur...* » (1).

Ils y voient aussi le résultat de ce pressant besoin — nous allions dire de cette maladie — de vouloir tout réformer, alors qu'une seule réforme paraît essentielle, urgente : *la réforme de l'esprit public*. Ils y voient encore le résultat de l'audace dans la calomnie et le goût du scandale dont profitent surtout les éléments tumultueux et sans responsabilité.

Il en est même qui, tout en reconnaissant aux représentants de la nation le droit et le devoir de

---

(1) *Histoire des variations des Eglises protestantes*. **Préface.**

mettre les électeurs au courant des affaires du pays, ne leur pardonnent pas, alors que ces représentants sont investis par elle de leurs nobles et délicates fonctions, d'ailleurs rétribuées par tous, de s'en aller à travers la France agiter des questions dont la discussion et la solution utile appartiennent au Parlement seul — opinion, semble-t-il, pour le moins excessive — et, ajoutent d'aucuns, semer à pleins poumons des paradoxes, des sophismes, des... erreurs qui sont de véritables appels à la Révolution sociale !

Tous dénient à M. Charles Benoist le pouvoir qu'il s'arroge de fulminer cette sentence d'excommunication :

« ...*Car personne ne sera, je le répète,* **autorisé** *à* « *se dire candidat du parti républicain modéré, s'il ne* « *fait pas de la représentation proportionnelle le premier* « *article de son programme. La condition est absolue et* « *ne souffrira ni exception ni dérogation.* » (1).

Et beaucoup — ceux à qui le mot « sectaire » semblerait trop dur — de penser et de dire, en lisant cette foudroyante excommunication : « *M. Benoist, vous n'êtes pas libéral !* » cependant que d'autres, plus timorés sans doute, s'inclinent respectueusement, subjugués qu'ils paraissent être par le talent et le prestige de l'illustre vainqueur de la *Souveraineté nationale !*

Mais laissons-là tous ces scandales et ces discordes engendrés déjà par la seule idée de la R. P.

Il nous suffit d'avoir montré que la conception des proportionnalistes est en opposition manifeste avec toutes les données de la science juridique ; qu'elle

____

(1) *Le Matin*, numéro du 8 avril 1910.

nie le principe de la *souveraineté nationale,* et sape ainsi par la base le *principe même d'autorité ;* qu'elle fait à l'anarchie un pont d'or lui permettant d'atteindre plus facilement et de détruire plus promptement le plus ferme, le meilleur, le dernier rempart de la Société ; qu'elle transporte l'autorité publique dans ce qu'il y a de plus bas, de plus changeant, de plus contradictoire : les *comités électoraux,* dont la puissance serait dès lors reconnue supérieure à toute autre notion de l'autorité ; qu'elle est attentatoire au premier chef à la liberté des candidats et à celle des électeurs ; qu'elle attise le foyer des haines sociales en obligeant tout citoyen à s'inféoder à une coterie politique quelconque ; que sous les mots prestigieux de réforme, de transformation et même — ô ironie des mots ! — de moralisation, cette conception de la R. P. pousse la nation dans la voie vertigineusement rapide de la démolition, de la destruction, de la ruine sociale !

Et, s'il en est ainsi, — ce dont nous sommes, nous aussi, fermement convaincu — une conclusion s'impose. Nous la formulons en ces termes :

La R. P., c'est l'anarchie !

SUPPLÉMENT

Nous nous étions proposé, en commençant cette étude, d'y ajouter un historique succinct de la législation électorale belge, qui aurait montré, sans contestation possible, que cette législation était, non pas l'aboutissement d'un plan sagement conçu et réalisé avec esprit de suite, mais, au contraire, un ensemble d'expédients imposés bien plus par les exigences des partis avancés que par les éléments conservateurs du pays.

Le temps nous a manqué, pressé que nous étions de faire paraître cette brochure au moment opportun.

Nous dirons pourtant un mot de ce système électoral belge, ne fût-ce que pour montrer combien il serait candide de prendre la législation de ce petit pays comme base de comparaison avec la nôtre en la matière, et combien surtout il serait déraisonnable de s'en servir comme point de départ d'une réforme électorale en France.

Nous puiserons nos renseignements dans le livre tant de fois cité au cours de cette étude « *l'Organisation du suffrage universel en Belgique* », dû au remarquable talent de M. Léon Dupriez, dont l'opinion ne saurait être suspecte à personne, aux proportionnalistes moins qu'à tous autres, tant à cause de la haute personnalité de l'auteur qu'à raison de ses sentiments nettement favorables à la R. P.

Ouvrons donc l'ouvrage de M. Dupriez.

Nous y lisons :

Avant-propos, page VII. — « Pour bien comprendre
« le fonctionnement et les résultats du régime électoral
« de la Belgique, il importe de se rappeler la *situation*
« *spéciale des partis politiques* dans ce pays. Sous
« l'empire d'une législation très libérale, les partis
« belges se sont constitués en associations puissantes,
« représentées dans toutes les circonscriptions par des
« organismes permanents, qui préparent de longue
« main et dirigent avec une expérience consommée et
« une ardeur soutenue les luttes électorales. Séparés,
« non point par de simples divergences d'intérêts ou
« de vagues tendances, mais par des contradictions
« absolues et fondamentales dans leurs conceptions
« politiques, ils constituent des groupes stables, nette-
« ment délimités, fortement organisés, unis et discipli-
« nés. Chacun donne des mots d'ordre et arrête des
« programmes que la masse de ses adhérents suit avec
« ensemble, et les candidats qu'il présente sont certains
« de l'appui unanime des électeurs ralliés à ses prin-
« cipes. »

Pages 1-2. — « La Constitution de 1831 avait
« établi le cens comme base unique du droit de suffrage
« pour les chambres législatives. »

Page 3. — « Il n'est pas besoin de dire que la
« classe ouvrière tout entière ne prenait aucune part
« à l'exercice du pouvoir politique. »

Pages 3-4. — « Aussi les hommes politiques de
« tous les partis sentaient-ils parfaitement ce qu'avaient
« d'irrésistible les réclamations de plus en plus pres-
« santes que faisaient entendre les catégories et les
« classes privées du droit de suffrage. Dans tous les
« pays voisins le mouvement démocratique avait

« abaissé les barrières autour des urnes électorales ;
« en Belgique, elles restaient depuis plus de quarante
« ans immuablement fixées au même niveau élevé. »

Pages 10-11. — « Le parti catholique était plus que
« tout autre attaché par tradition à la défense de la
« Constitution et il avait toujours opposé à toute
« demande de revision un refus absolu. Il faut bien
« dire, d'ailleurs, qu'il trouvait de légitimes raisons
« pour justifier sa résistance dans les revendications
« sociales, les professions de foi républicaines, les
« menaces contre l'Eglise que les radicaux et les socia-
« listes mêlaient inconsidérément à leurs attaques
« contre le suffrage censitaire. Toutes ces déclamations
« violentes avaient eu pour résultat de faire croire à
« de nombreux esprits conservateurs que la revision
« de la Constitution serait le premier pas dans la voie
« de la république collectiviste ».

Page 9. — Dès 1883, de nombreux députés de
gauche avaient inscrit la revision en tête de leur
programme.

Page 11. — « Au sein du parti *(droite)* les éléments
« jeunes et actifs se proclamaient revisionnistes et les
« associations ouvrières chrétiennes, organisées en
« opposition aux groupements socialistes, réclamaient
« une large extension du droit électoral.

« Mais quel système la droite pouvait-elle admettre
« à la place du cens constitutionnel ? »

Page 12. — « Le suffrage universel n'avait l'adhé-
« sion que de deux ou trois personnalités isolées, sans
« appui sérieux dans le parti.

« La droite était donc plus portée à chercher les
« garanties désirées dans la preuve d'une certaine
« aisance. L'aisance offre la meilleure présomption
« d'indépendance, elle est précédée ou accompagnée

« normalement de l'esprit d'ordre et d'un certain déve-
« loppement intellectuel. »

Pages 13-14. — « La gauche libérale, longtemps
« divisée sur la question de l'opportunité de la revision,
« était depuis trois ans unanime à la réclamer. Mais
« les groupes restaient séparés et se trouvaient même
« en hostilité ouverte au sujet de la réforme électorale.
« C'est qu'au fond il n'y avait pas seulement entre les
« modérés et les radicaux un désaccord désormais aplani
« sur un point spécial, mais une divergence complète
« d'idées, de tendances, d'esprit sur l'ensemble des
« questions politiques.

« Les doctrinaires, sincèrement royalistes et pro-
« fondément imbus des principes économiques de l'école
« de Manchester, répudiaient nettement toute accoin-
« tance avec les aspirations républicaines et socialistes.
« Les radicaux qui se flattaient du fol espoir d'attacher
« à leur fortune les masses ouvrières, multipliaient les
« avances et les flatteries aux chefs des groupes collec-
« tivistes. Aussi, tandis que les premiers faisaient un
« pas en avant en se ralliant à l'idée de la revision
« immédiate, les seconds toujours en proie à la crainte
« de se voir distancer, adoptaient toutes les revendi-
« cations socialistes en matière de droit de suffrage. »

Page 15. — « Le parti socialiste, est-il besoin de
« le dire, avait réclamé dès sa formation le droit de
« suffrage pour tous. Il n'était pas représenté au par-
« lement ; il faisait entendre ses réclamations, non
« seulement par la voie de la presse ou dans les
« meetings qu'il assemblait constamment, mais encore
« au moyen de cortèges immenses d'ouvriers amenés
« à certains jours de tous les coins du pays et défilant
« en bon ordre dans les rues de la capitale, au moyen
« aussi de grèves qu'il faisait éclater sur un mot d'ordre

« de ses chefs dans les divers bassins houillers. »

Pages 24-25. — LE VOTE PLURAL. — « L'idée du
« vote plural n'avait pas encore été agitée en Belgique,
« lorsqu'en 1890, au milieu des premières discussions
« que soulevait le problème de la revision constitution-
« nelle, l'attention publique fut éveillée par une bro-
« chure très remarquée : *le suffrage universel tempéré,*
« par M. Albert Nyssens, professeur à l'Université de
« Louvain. En quelques pages nettes et concises,
« l'auteur montrait dans le vote plural un régime
« transactionnel qui pouvait rallier tous les partis,
« parce qu'il accordait à chacun une partie de ses
« prétentions.

Le projet était adopté, en Belgique, en avril 1893
(le 18 avril à la Chambre, le 27 au Sénat) et le *vote
plural* était organisé, dans ce pays, par la loi du 12
avril 1894.

Il est superflu de faire remarquer que le suffrage
universel y était également proclamé.

Qu'est-ce que le vote plural ?

C'est l'attribution de *votes supplémentaires* à certaines catégories de citoyens, sans que nul puisse
cependant cumuler plus de trois votes, savoir :

1° Vote supplémentaire du père de famille.

2° Vote supplémentaire du propriétaire.

3° Double vote supplémentaire attaché à la capacité.

Que pensent les Belges du vote plural ?

Pages 106-107. — « Le vote plural, clament les
« socialistes, c'est l'écrasement des partis démocra-
« tiques au profit des partis conservateurs. Le vote
« plural, disent les libéraux, sacrifie injustement notre
« parti au profit tantôt de la démocratie ouvrière,

« tantôt des masses rurales inféodées au parti catho-
« lique. Le vote plural, répètent les uns et les autres,
« c'est le vote clérical. »

Page 108. — « Ainsi le parti socialiste prétend que
« le double et le triple vote lui sont préjudiciables,
« parce qu'il recrute ses principales forces dans les
« groupes d'électeurs à une voix.

« .... Par la nature et par la forme de ses reven-
« dications, le parti socialiste s'adresse avant tout à
« ces passions antisociales qui menacent la paix inté-
« rieure, la sécurité de l'Etat, la marche régulière du
« gouvernement. La loi ne doit pas pour cela lui prê-
« ter son assistance. Elle ne doit pas, parce qu'un
« groupe politique y a intérêt, abattre toutes les
« garanties qu'elle a établies pour la sauvegarde des
« intérêts généraux de la nation, ni abaisser l'influence
« électorale des hommes d'ordre et de raison, au profit
« des exaltés, dominés par la haine ou l'envie. »

Il est donc permis de croire que la législation
électorale belge n'est que le résultat de concessions
successives faites aux partis avancés.

De plus, la loi d'organisation de la R. P. date, en
Belgique, du 29 décembre 1899, postérieurement par
conséquent à celle du vote plural (12 avril 1894).

Mais alors, dirons-nous en manière de conclusion,
quelle singulière idée d'aller apprécier les résultats du
système proportionnel dans un pays où le vote plural
a nécessairement pour conséquence, à notre avis du
moins, de les bouleverser, de les fausser et d'en rendre,
par là même, leur appréciation illusoire, sinon complètement impossible !

Cette réflexion suffit, croyons-nous à légitimer

notre appréhension que le choix fait, pour apprécier les bienfaits de la R. P., d'un pays où une telle appréciation est si difficile, pourrait bien n'être pas plus heureux ni concluant que les raisons invoquées en faveur du système.

Ou plutôt, il nous paraît tout aussi décisif, mais contre le système lui-même, contre l'adoption de cette panacée qui exerce sur tant d'esprits, par ailleurs si brillants et généreux, une si puissante, non moins que dangereuse et incompréhensible séduction !

TABLE DES MATIÈRES

REMIREMONT. — IMP. LOUIS CAUSERET.